Mauricio Sita
O que Freud não explicou

AFINAL, O QUE QUEREM AS MULHERES?

Mauricio Sita

O que Freud não explicou

AFINAL, O QUE QUEREM AS MULHERES?

Copyright© 2014 by Editora Ser Mais Ltda.
Todos os direitos desta edição são reservados à Editora Ser Mais Ltda.

Presidente:
Mauricio Sita

Capa, Projeto Gráfico e Diagramação:
Candido Ferreira Jr.

Revisão:
Ana Luiza Libânio

Gerente de Projeto:
Gleide Santos

Diretora de Operações:
Alessandra Ksenhuck

Diretora Executiva:
Julyana Rosa

Relacionamento com o cliente:
Claudia Pires

Impressão:
Gráfica Pallotti

Dados Internacionais de Catalogação na Publicação (CIP)
(Câmara Brasileira do Livro, SP, Brasil)

Sita, Mauricio
O que Freud não explicou : afinal, o que querem as mulheres? / Mauricio Sita. -- 1. ed. -- São Paulo : Editora Ser Mais, 2014.

ISBN 978-85-63178-56-5

1. Homem - Mulher - Relacionamento 2. Homens - Comportamento sexual 3. Mulheres - Comportamento sexual 4. Psicanálise 5. Sexo I. Título.

14-03046 CDD-155.3

Índices para catálogo sistemático:
1. Sexo : Relacionamentos homem-mulher : Psicanálise 155.3
Editora Ser Mais Ltda
Rua Antônio Augusto Covello, 472 – Vila Mariana – São Paulo, SP – CEP 01550-060
Fone/fax: (0**11) 2659-0968
Site: www.editorasermais.com.br   e-mail: contato@revistasermais.com.br

Sumário

Capítulo 1 — 13
Como seduzir uma mulher

Capítulo 2 — 27
Zona(s) erógena(s)

Capítulo 3 — 39
Bondage

Capítulo 4 — 55
Dominação feminina

Capítulo 5 — 63
Ménage masculino

Capítulo 6 — 79
Ménage feminino

Capítulo 7 — 85
Exibicionismo

Capítulo 8 — 93
Brinquedos eróticos

Capítulo 9 — 105
Filmes caseiros

Capítulo 10
Encenação durante o sexo: Criando personagens

111

Capítulo 11
Sexo ao ar livre

119

Capítulo 12
Sexo ao ar livre levado ao extremo — Dogging

125

Capítulo 13
Sexo ao extremo

129

Capítulo 14
Uma fantasia proibida

133

Agradecimentos

A todas as mulheres que participaram da pesquisa e que revelaram suas histórias, fantasias e como seria o relacionamento de seus sonhos. Vocês deram sua contribuição. Espero que eu esteja sabendo transmitir adequadamente os recados que vocês deram aos homens...

A todas as leitoras dos meus livros "Como levar um homem à loucura na cama" e "Vida Amorosa 100 Monotonia" e às milhares de mulheres que participaram dos meus *workshops*. Suas inquietudes, perguntas e sugestões serviram de base e inspiração para a criação deste livro.

À minha mulher Lidia, e aos meus filhos Ana Carolina, Alexandre e Fernando, pelo amor e constante apoio.

A James McSill e a Ken Shaw que, pelo fato de morarem na Inglaterra e serem "homens do mundo", deram uma inestimável ajuda na estruturação do livro e diversas dicas internacionais, incluindo o detalhamento da prática do *Dogging*.

Para Ana Luiza Libânio que, mais do que fazer revisão, deu seus pitacos de mulher e fez a tradução e interpretação dos escritos do Ken Shaw.

E às minhas queridíssimas amigas e parceiras Alessandra, Claudia, Gleide e Julyana que dirigem comigo a Editora Ser Mais, com destaque para a dedicação com que Julyana Rosa revisa meus textos, até os já revisados, orienta a diagramação, e cria o conteúdo das capas e orelhas. A amizade incondicional que temos me emociona e me renova a cada dia.

Agradeço muito a você que está lendo este livro.

Mauricio Sita

Apresentação

Assim como Freud, você também quer saber, afinal, o que querem as mulheres?

A leitura deste livro desvendará este mistério, pelo menos em parte...

Em 2011 já havia dedicado uma pesquisa para saber como é o sexo que os homens desejam. Como resultado publiquei o livro "Como levar um homem à loucura na cama" que se tornou um *best-seller* e conta com dezenas de milhares de exemplares vendidos. O tema chamou tanta atenção que a entrevista que dei ao Jô Soares, na Rede Globo, ocupou três blocos do programa.

As mulheres foram tão receptivas ao conteúdo do livro que decidi realizar *workshops*, com elas e só para elas, para que tivessem a oportunidade de perguntar tudo o que gostariam de saber sobre o universo sexual masculino. Em muitos "bate papos", respondi a milhares de perguntas e recebi sugestões de que eu deveria realizar *workshops* só para homens, ou mistos. Reclamam que os homens, esses sim, é que precisam aprender a se relacionar com elas.

Encucado com a famosa pergunta de Freud, decidi perguntar tudo diretamente a elas.

Como resultado, tive mais de seiscentas mulheres que responderam a uma pesquisa pela ferramenta do site Survey Monkey. Fiz perguntas com o objetivo de identificar como funciona a cabeça da mulher, qual sua visão em relação aos homens, desde a fase da conquista, e principalmente como é o sexo com que elas sonham, suas zonas erógenas, quais são suas fantasias etc... O que elas REALMENTE gostariam que os homens soubessem, mas nem sempre sabiam como dizer.

Recebi respostas sobre coisas que eu nem havia perguntado como por exemplo *bondage*, que é antigo, mas ficou na moda em razão do fenômeno "Cinquenta tons de cinza" e *dogging* que é uma prática erótica que surgiu na Inglaterra na década de setenta. Hoje, praticamente o mundo inteiro já conhece e pratica o *dogging*, inclusive no Brasil vários grupos de diferentes cidades já aderiram ao *"hobby"*. Você vai saber tudo sobre essas práticas em capítulos em que não escondo nada.

"Afinal o que querem as mulheres "foi uma questão que inquietou Freud e me parece ser uma constante na mente dos homens, por mais que quase todos os livros coloquem o homem como um ser egoísta, que na hora do sexo pensa mais com a cabeça de baixo, ou seja, pensa no seu próprio prazer. Esse ser egoísta é criticado e malhado de todas as formas, por não valorizar o prazer da mulher. Dizem que ele considera o orgasmo dela como uma decorrência ocasional, afinal se ela não sabe se entregar, se não supera os obstáculos culturais e religiosos, não é problema dele.

Uma coisa muito importante é que as mulheres estão interessadas em "ser boa de cama". Elas estão sempre dispostas e se aperfeiçoarem sexualmente. Talvez por isso questionem por que os homens são mais frios no relacionamento, por que não gostam das "preliminares", por que os homens não telefonam no dia seguinte após uma noite de sexo, por que se esquecem das datas que marcam a vida a dois? Por que não prestam atenção no cabelo recém cortado, no vestido novo, no perfume que ela está usando pela primeira vez e que foi comprado pensando nele? Por que são tão objetivos para fazer sexo e pouco caprichosos no ritual da conquista? Por que não se preocupam em descobrir quais as fantasias da parceira?

Quando os homens vão entender que mulher é como remédio, e que para "funcionar" é preciso agitar, antes de usar? Esses questionamentos são infindáveis. Elas querem entender os homens com o único objetivo de melhorar o relacionamento e fazer o amor esquentar e brilhar.

E qual o nível real de preocupação dos homens em descobrir tudo sobre a mulher? Será que eles acham que sabem mesmo tudo sobre sexo e relacionamentos, e não precisam de nenhum aperfeiçoamento?

Muitos se acham ótimos na cama, e se não são melhores a culpa é delas. São como são e querem ser aceitos assim. Ame-me do jeito que eu sou, esforce-se para entender-me e verá que, no fundo, sou um cara legal. Seja como eu, queira mais sexo do que eu, pense só "naquilo", deseje como eu uma sessão maravilhosa de sexo no primeiro encontro, não exija tantas preliminares, goste de tudo que eu gosto, não me negue nada, principalmente sexo... E agora eu pergunto, somos mais ou menos assim ou não? Elas estão totalmente erradas nas suas observações?

Temos de aceitar, infelizmente, que os livros que criticam os homens no campo sexual têm razão. A grande maioria dos homens é identificada como os machos de hábitos e comportamento quase primitivos. Querem as fêmeas disponíveis, e sempre que possível sedentas por sexo.

Mas nem tudo está perdido. Ao leitor, homem como eu, posso falar que independentemente do grau de preocupação com sua forma de se relacionar com as mulheres, sabemos que tudo o que fazemos na vida, pode ser feito melhor. Ler este livro e descobrir formas de satisfazê-las será recompensador para ambos. Não entenda que estou difundindo aperfeiçoamento nas práticas sexuais apenas para que as pessoas tenham mais prazer no sexo. O que defendo é que com mais prazer no sexo, a vida poderá ser muito melhor. A diferença não é tão sutil assim, concorda?

Fazer progressos no relacionamento não é uma concessão que podemos fazer apenas para deixá-las mais felizes, pelo contrário, podemos fazer isso até por egoísmo, afinal quanto mais ela receber, sabemos que mais ela dará. Há exemplo melhor para "é dando que se recebe"?

Desejo que tudo seja inspirador.

Capítulo 1

Como seduzir uma mulher

Em março de 2009, vários jornais europeus publicaram na primeira página a manchete: "Gigolô finge ser agente secreto para conquistar mulheres". Uma mulher de trinta e poucos anos declarou em um daqueles jornais:

"Ele era charmoso, atencioso e, ao mesmo tempo, parecia muito triste. Isso despertou em mim um sentimento de que tínhamos algo em comum."

Helg Sgarbi, além de ter se tornado notícia na Europa, foi por muito tempo notícia em todo o mundo. Ele seduziu suas vítimas ricas com jantares à luz de velas, cartas eróticas e histórias fantasiosas sobre sua vida como agente secreto suíço em perigosas missões durante as quais precisou se infiltrar em "zonas de crise" ao redor do mundo. Você sabe por que o plano dele deu tão certo? Você acha que as mulheres, em geral, são ingênuas demais, ou será que ele sabia como jogar com as fantasias mais íntimas delas?

Pois tenho uma boa notícia para você: esse tal Helg Sgarbi era um sujeito comum, não tinha nada de mais. O que ele conseguiu não foi mágica, nem milagre, ele apenas conhecia bem a fascinante arte de seduzir uma mulher. E se você quiser, pode aprender também. Comece por descobrir o que provoca o desejo da mulher de seus sonhos. Se conseguir captar suas mais secretas fantasias, e mais, se conseguir tocar naquele ponto... Ah! Ela estará em suas mãos. Louca por você. E você nem vai precisar fingir ser espião!

Seduzir. Deslumbrar, fascinar, cativar, atrair. Não é isso que todo homem quer? E quando ele decide que quer uma mulher, ele tenta fazer de tudo para conquistá-la. Ou seja, se um homem decide seduzir uma mulher ele dá toda atenção necessária para que ela tenha certeza de que ele é o cara certo, o príncipe encantado, o homem da vida dela, a ponto de ela querer encomendar o vestido de noiva.

Tudo bem, talvez nem seja esse o resultado esperado, mas você há de convir que uma coisa a mulher gosta, e essa coisa é possível dar a ela: atenção — eu sei! Você também quer dar, receber, transar, outras coisas, mas vamos por partes!

A atenção precisa ser do tipo certo, em hora conveniente e em níveis adequados. Por exemplo, encarar com certo olhar enigmático, de quem quer descobrir mais sobre ela e tem mais o que revelar, transmitirá à mulher uma mensagem de que você está disposto a ir ainda mais fundo — se é que me entende... — e com vontade de conhecer sua essência. Bem, se você usar seu melhor olhar de "cachorro sem dono", inocente, e "cuida de mim que sou carente", a mulher estará no papo. Mas lembre-se de piscar de vez em quando, seja gentil e mantenha aparência de ser normal, porque você não quer que ela pense que está sendo perseguida por um homem maluco, obsessivo e assustador. E, claro, você não quer que ela se convença de que é melhor manter quilômetros de distância de você — tenho certeza que, o que você mais quer, é essa mulher bem pertinho de você.

No entanto, antes de qualquer homem tentar conquistar qualquer mulher, ele precisa, em primeiro lugar, ter um bom espelho em casa. Olhar para si mesmo é essencial. Só assim dá para garantir alguma chance nesse processo.

Então prepare-se! E quando estiver pronto, coloque a mulher de seus sonhos no centro de sua atenção.

Regras básicas

1. Tome um belo banho. Mulheres se preocupam muito com higiene, portanto, não deixe isso se tornar um problema. Adicionar de 5 a 10 minutos em sua rotina habitual, cuidando principalmente do hálito e dos outros cheiros, fará muita diferença. Falo sobre isso um pouco mais abaixo, mas não preciso me estender demais, não é?

2. Lembre-se de causar uma excelente primeira impressão, todas as vezes que vocês se encontrarem; afinal, ao contrário do que reza a lenda popular, o primeiro encontro não é sua única chance de impressionar. Trate cada encontro como se fosse o primeiro, você sempre causará alguma impressão, melhor que seja boa, do que ruim.

3. Quando for buscá-la, ou quando encontrá-la no local combinado, tenha certeza de que sua aparência é a melhor possível. Ela certamente apreciará sua dedicação. E não se esqueça de fazer elogios a ela. Todos gostam de elogios, mas as mulheres se encantam com os homens que sabem elogiar.

4. Nenhuma mulher (ou homem, devo dizer) excita-se com mau hálito. Sendo assim, evite alimentos fortes, tais como alho e cebola — aqueles ótimos para a memória, que fazem você se lembrar deles o dia inteiro! — mas faça isso pelo menos dois dias antes de encon-

trar com ela. O cheiro não exala apenas pela boca, mas também por suas glândulas sudoríparas durante alguns dias após a ingestão desses alimentos, e ninguém merece bafo de alho, nem suor de cebola. Estou reforçando o que já tratei no item 1.

Aliás, cuidado com cheiros em geral. Sobretudo nas axilas. E cabelo oleoso e malcheiroso, nem pensar.

O Survey Monkey[1] coletou centenas de depoimentos de mulheres por toda a Internet, se fosse possível juntar todos em um só meio, já seria um livro.

Minha própria pesquisa veio confirmar dados fornecidos pelo Survey Monkey. Veja o que uma de minhas entrevistadas, a Rosana, contou:

"Há algumas semanas fui apresentada a Fernando, na casa de um amigo. Na hora pensei: 'hum... que cara agradável, atraente...' Mas depois nem pensei mais nisso. Achei que ele já estivesse com alguém. Afinal, é muito raro encontrar um gato daqueles dando sopa!

Quando menos esperava, lá estava eu me preparando para nosso primeiro encontro de verdade e me sentindo um tanto quanto nervosa.

Fernando tinha reservado mesa em um bar muito agradável na cidade. Não era chique, nem caro; era um lugar onde eu sentia que tinha um clima relaxante, o cardápio era agradável e nunca ficava muito lotado, nem barulhento. A gente já tinha se visto em algumas festas, mas quando ele me encontrou no bar, foi como se fosse a primeira vez. Para mim ficou óbvio, quando me aproximei da porta, ele foi em minha direção, já estava ali a minha espera e abriu caminho para eu entrar. Ele tinha ar de quem sabia o que estava fazendo; estava confiante. Me cumpri-

---

[1] Para quem não conhece, esse é um site de pesquisa por meio do qual você pode criar questionários, coletar respostas e analisar os resultados. Faço minhas pesquisas utilizando suas ferramentas.

mentou com um breve e suave beijo na bochecha e me elogiou. Eu tenho que dizer: foi perfeito. Meu coração disparou quando senti que ele tinha controle da situação. E olhe que ele apenas abriu a porta para mim, me deu um só beijo na bochecha e disse que eu estava linda. Já tive encontros com caras que não davam conta de segurar a porta para eles mesmos, imagine se abririam para mim! E pior: já fiquei esperando um cara num bar, ele se atrasou, enviou uma mensagem tenebrosa — 'disculpaí q vô atrazá' — e quando chegou, sem cumprimentar fez sinal para eu pagar a conta da água que eu havia tomado, que ele ia sair para mandar o manobrista nem estacionar o carro. Disse para irmos a um lugar "mais reservado". Como assim? Nosso primeiro encontro! Será que não dava para conversar um pouco antes? E aquele carro imundo? Não tive coragem de entrar, dei as costas e voltei pra casa sozinha mesmo. Antes só que mal acompanhada, não é assim? Mas quanto menos falarmos desses "sem noção", melhor. "Vivendo e aprendendo", é o que sempre digo.

Fernando foi diferente. Ele me conduziu até a mesa, afastou a cadeira, fez um carinho no meu ombro após eu sentar-me, chamou a garçonete e me perguntou o que eu gostaria de beber. E fez isso sem tirar os olhos de mim; senti que eu era o centro das atenções. Bem, vamos falar a verdade: quando a gente está num encontro, é assim que queremos ser tratadas. Nossa! Senti um calor pelo meu corpo inteiro. Primeiro culpei o bar, o ambiente fechado, mas agora já não tenho tanta certeza de que era isso. Aliás, vou mentir pra quem? Eu estava cada vez mais quente, e era por causa dele. Eu já estava com tesão!

As duas vezes em que estivemos juntos, antes daquele dia, foram em festas barulhentas, por isso dessa vez foi bom poder conversar sem ter que competir com a Gloria Gaynor gritando "I will survive!" depois de o Gonzaguinha puxar o coro cantando aos quatro ventos que a vida é bonita, é bonita e é bonita. Mas aquela conversa que rolou solta durante o jantar fez a vida ficar ainda mais bela! Ele me perguntou algumas coisas e, agora é que eu me dei conta, deixou que eu falasse sobre tudo de que mais gosto. E assim, cada vez mais, ele ficava intrigante. De forma alguma foi evasivo, mas sempre que começou a falar sobre si, o foco se voltava para mim e acabava que eu contava mais coisas. Eu senti um leve mistério rondando Fernando e comecei a imaginar cenários e personagens que tinham a ver com ele.

Até então, o único mistério que rondava outros encontros tinha sido como o sujeito dava conta de se vestir e amarrar sozinho seus sapatos.

Enquanto comíamos, comecei a perceber que ele se dedicou à aparência. Só isso já foi suficiente para eu me sentir especial. Ele tinha se esforçado. Notei que tomou banho, fez a barba e até cuidou das unhas, sem esmalte. Estava im-pe-cá-vel.

Até hoje encontrei poucos homens com as unhas bem cuidadas. A maioria insiste em dizer que isso é coisa de mulherzinha. Higiene não é só para mulher, é para qualquer pessoa que tem respeito pelo outro e por si. Poxa, se não cuida nem dele vou ter a ilusão de que vai se importar comigo?

Agora, não posso dizer que sou feminista, nem que não sou feminista, mas posso garantir que não fiquei ofendida quando ele pagou a conta e ainda deu uma bela gorjeta para a garçonete. Não vejo nada de romântico quando o homem, no primeiro encontro, sugere para dividir a conta. Por favor, né?! Simplesmente considero que Fernando tentou me tratar bem e me fazer sentir especial. E devo dizer que ele conseguiu.

Ninguém acredita, mas é verdade: uma vez, um sujeito me pediu dinheiro emprestado para pagar a conta. Ele deve ter pensado que eu me sentiria especial se me tratasse como se fosse uma financeira com as melhores soluções de crédito. Nossa! Como ele estava enganado. Saí de lá com a cabeça baixa; com medo de alguém me reconhecer.

Enquanto Fernando e eu andávamos para o carro dele, ele lembrou que estava sem trocado para o flanelinha e parou numa lanchonete. Dirigiu-se ao caixa e perguntou para a moça – Se eu comprar um chocolate você troca este dinheiro para mim? Não sei se foi pela forma delicada com que ele falou, ou por que ela era treinada para atender bem os clientes, mas concordou de imediato. Ele comprou duas barras do melhor chocolate que havia, e quando a moça do caixa devolveu o troco, perguntou para ela: 'Se você fosse comprar um chocolate, qual compraria?' Diante da resposta da moça, ele procurou pelo balcão até encontrar a barra que ela falou. 'Você precisa de mais trocado?', a moça do caixa perguntou. 'Não', ele respondeu e entregou para ela um pouco mais de dinheiro para pagar por aquela barra de chocolate. 'Isto é para você.' Ele me nocauteou de tão bonzinho. Na verdade, fiquei tão boba que nem me importei com o fato dele não ter comprado chocolate só para mim. Nem ciúme eu senti. Achei tão lindinho quando ele falou que teve vontade de alegrar a moça. Ela realmente parecia meio chateada. Homem que tem sensibilidade é o máximo.

Ele ofereceu para me levar em casa e quando eu disse que pegaria um táxi, ele insistiu. Meu coração disparou na hora em que ele abriu a porta do carro, pegou no meu braço, super gentil, e me ajudou a entrar. Até aquele momento, a noite tinha sido perfeita, e terminou perfeita também. Quando ele abriu a porta para eu descer e me levou até a portaria, senti sua mão delicada nas minhas costas me conduzindo. Mais uma vez seu toque fez meu coração disparar e minha mente viajar no que poderia acontecer em seguida. Assim como havia feito no momento em que nos encontramos, ele me deu um suave beijo na bochecha e então combinamos de nos ver outra noite. Mas eu nem queria que ele fosse embora. Meu coração estava acelerado e eu queria que aquela noite continuasse. Minha imaginação estava simplesmente descontrolada! Eu queria Fernando. Ali mesmo. Naquele momento. Eu faria tudo por ele.

Só agora, enquanto preparo o café da manhã para nós dois, depois de tê-lo convidado para outro jantar — o que aconteceu depois do jantar e antes do café da manhã é outro capítulo — é que percebo: fui seduzida de um jeito que, até então, somente tinha vivido em minhas fantasias."

Precisa dizer mais?

O que as mulheres querem e o que elas não querem

Pode - e deve - parecer óbvio para qualquer homem que a mulher, independentemente do dia e do momento, quer se sentir especial. O relato de Rosana nos diz que Fernando não fez nada de muito complicado, super excitante, extremamente caro, ou exagerado.

Se prestarmos atenção na maneira como ele seduziu Rosana, notaremos que não fez nada além de ficar atento e de demonstrar seu interesse por ela do primeiro ao último minuto em que estiveram juntos. E ele ganhou a moça, simplesmente porque provocou nela a vontade de ter um segundo encontro. E não era essa a intenção de Fernando, afinal? Fernando começou a conquistar Rosana antes mesmo deles se encontrarem, e ela observou isso na hora em que jantavam. Ele se dedicou à aparência e a se apresentar de maneira que, junto com sua delicadeza e naturalidade, Rosana se sentisse especial e atraída por seu pretendente.

A preparação de Fernando, antes do encontro, criou perfeitas condições para deixar Rosana doidinha por ele.

Outras respostas à pesquisa podem confirmar que Fernando foi o homem perfeito para Rosana.
1. A maioria dos homens gostaria de ser James Bond e de ter seu charme e carisma. Ouso dizer que a maioria das

mulheres gostaria de topar com um James Bond, mas Bond é apenas um personagem de ficção e poucos de nós somos como ele, portanto, não tente ser o que você não é. Seja você mesmo, afinal, qualquer mulher é capaz de detectar uma falsificação a quilômetros de distância (bolsas, sapatos e homens). Sua naturalidade é o que vai atraí-la.

2. Elas adoram uma atmosfera romântica e nós adoramos uma mulher excitada, então você precisa satisfazer as necessidades e as expectativas dela. Não se trata apenas da atmosfera do momento — um bom jantar à luz de velas em uma mesa reservada, longe da multidão, não basta. Você pode intensificar esse clima com suas ações. Seja um cavalheiro, preste atenção nela, ouça o que tem a dizer e faça perguntas. Nós todos gostamos de falar sobre nós mesmos, mas esse será o momento de ouvir. E ela vai simplesmente adorar o seu interesse pela vida dela.

3. Conte para ela a história de amor que você sonha viver, mas lembre-se das palavras acima sobre olhar enigmático versus olhar de maluco assustador. Mantenha a proporção, amigo! Não se acanhe, conte suas experiências, mas lembre-se de seus objetivos. Você está prestes a levar uma mulher para a cama, e ela não vai querer capítulos e os mínimos detalhes da sua história de vida nem querer saber de todos os seus sucessos e fracassos. Sussurre em seu ouvido e diga coisas que a encante, sabe? Daquelas que fazem a mulher se sentir a única no mundo — melhor ainda: faça a mulher se sentir a única e muito especial. E não precisa ser algo muito intenso ou extraordinário, basta que seja simples e verdadeiro para excitá-la, porque o clima que

terá criado fará com que ela sinta em você um grande amante, um Don Juan. Lembre-se de realmente sussurrar, afinal de contas, o pessoal das outras mesas não precisa saber de seus mais sórdidos detalhes e desejos!

4. Não espere que uma mulher caia em seus braços só porque você comprou um presentinho para ela. O presente, meu caro, tem que ser especial. Um presente banal não ganha atenção de mulher alguma. Mas também não exagere a ponto de ser muito extravagante. O presente não precisa ser uma grande declaração, como por exemplo, contratar um carro de som ou um avião para voar exibindo uma faixa com declaração de amor. Calma, não mate a mulher de vergonha! O truque é ser especial. Você pode comprar uma camisola personalizada ou uma lingerie *sexy* e, no momento certo, deixá-la se vestir — ou se despir! — num show sensual para você. Se fizer isso, provará ser um homem romântico e sedutor. Ela vai gostar.

5. Há quem acredite na teoria de que você pode levar uma mulher para a cama na base do riso. Bem... Isso pode ou não ser verdade, sugiro apenas que saiba dosar seu humor... Todo mundo gosta de uma boa risada. O clima de jantar à luz de velas e os presentes são peças de um jogo para adultos, o orgasmo no sexo é o resultado, as preliminares são a essência do jogo. Seja brincalhão e a faça rir, mas lembre-se de que você quer essa mulher na cama, o riso é apenas condutor. E, cama não é lugar de palhaçada, se é que você me entende. Mais que isso, tome todos os cuidados para ela não rir de você na cama. Lembre-se de que ambos têm a opção de partir para outra, e deixar a fila andar.

6. Mulheres gostam de histórias de mistério, daquelas que se desdobram sem indícios de estar próxima de chegar ao fim e que são cheias de fantasias, desde a primeira página. Lembre-se da relação entre fala e escuta: uma boca para dois ouvidos — use-os nessa mesma proporção. Torne o final de sua história o mais longo possível e deixe que ela descubra quem você é. Você não é James Bond, mas ela ainda não sabe quem você é, dessa forma, sua personalidade misteriosa vai deixá-la louquinha por você.

O que as mulheres esperam e o que elas não esperam de uma conversa

Obviamente, Fernando se preparou para o encontro com Rosana. Ele se dedicou a fazer com que fosse perfeito desde o local do encontro à aparência e ao comportamento.

Se pretendermos levar uma mulher à cama, é importante observar o que fazer e o que não fazer no primeiro encontro no que diz respeito também à conversa.

Ao se referir à ela capriche nos elogios, sem exageros que tirem a credibilidade do que você está falando.

Todos nós queremos ouvir que somos bonitos, engraçados, aliás, a pessoa mais interessante e mais elegante do mundo. Tudo bem, talvez você não deva exagerar nos elogios a esse ponto, mas pelo menos diga a ela o quanto você acha que está bonita. Para que fique caidinha por você, é importante que ela pense "nossa, como ele é sensível, adorei a forma como me vê".

Sobre os interesses dela

A pergunta aqui é simples. "Quais são seus maiores interesses?" ou ainda. "Do que você gosta?" Essa é uma grande oportunidade para conhecê-la, a menos que a resposta seja "nenhum", ou "nada". Mas todos nós temos algum interesse e gostamos de compartilhá-lo. No entanto, se você ouvir a resposta "nenhum", ou "nada", sugiro partir para uma estratégia de fuga.

Sobre o que ela espera do futuro

Você não vai pedir — na verdade, nem deve querer — um diário detalhado dos próximos trinta anos, mês a mês. Mas saber de planos, de uma maneira geral, pode lhe dar a chance de entender se o que você quer e o que ela quer são coisas compatíveis. É melhor descobrir logo se ela pretende ter seis cães, quatro gatos e cinco filhos, além de viver em uma comunidade à beira mar, naturalista, sem chance de churrascão no fim de semana. Ah! E tenha certeza de que ela não se importa com o seu futebol. Já imaginou se tiver que abrir mão da pelada das quintas-feiras? Pior ainda se tiver que perder a final do Brasileirão. Nem pensar.

Sobre o que você espera do futuro

Veja o item acima. Talvez você não queira tantos animais de estimação, vai querer apenas uma criança e pretende viver em um belo apartamento na cidade mais movimentada do país e acompanhar de perto seu time do coração, além de cuidar de sua saúde cardíaca em suas costumeiras partidas de "futebol com os amigos", afinal, o médico mandou fazer atividade física regular.

Sobre os interesses e experiências que compartilham

Vocês falaram sobre os interesses dela e se deu conta de que os seus são os mesmos. Que excelente oportunidade de se conhecerem enquanto compartilham experiências!

Sobre sexo (de forma pouco agressiva, por enquanto)

Não tenha vergonha de falar sobre sexo, principalmente se o assunto surgir naturalmente. E, se não surgir, encontre o momento certo para tocar no assunto. Mas não se vanglorie e nem fale sobre todas as suas conquistas e de como você é um garanhão. Muito menos daquela vez em que... Bem, você sabe, a moça levou uma amiga...

Por favor! Seja verdadeiro e sutil ao falar sobre o quanto gosta de sexo, sua intensidade e suas preferências.. Você não deve intimidá-la, nem criar muita expectativa.

Você não pode falar — Sobre dinheiro

Pode até ser que mulheres queiram se casar com milionários, mas nem todas. Acredite ou não, a maioria delas quer um parceiro para a vida, alguém que proporcione não somente estabilidade financeira, mas também estabilidade emocional. A mulher quer ter certeza de que pode contar com o sujeito, mais ou menos naquele esquema de "na saúde e na doença, na riqueza e na pobreza", você entende, não é?

Sobre política

A política é sempre um assunto perigoso para um primeiro encontro. Não pergunte para qual partido ela vota, porque, no caso bastante provável de terem pontos de vista políticos diferentes, os dois acabariam fazendo campanha partidária. Se no dia a dia isso já não é muito divertido, durante um primeiro encontro isso é muito brochante. Você acha mesmo que vai precisar de um debate político e intelectual para conhecer melhor a gata? O encontro precisa ser descontraído e divertido, e essas são duas palavras que, não importa como você as utiliza, nada têm a ver com política.

Sobre religião

Religião e política são farinha do mesmo saco. Portanto, releia o item "sobre política".

Sobre outras mulheres

Eu realmente preciso falar sobre isso? Mencione sua ex apenas uma vez e você será um homem morto. Já era, meu amigo!

A conclusão a que podemos chegar a partir das respostas à pesquisa, e a partir da história de Rosana, é que uma mulher, quando está sendo conquistada, não precisa, nem necessariamente espera, gestos e presentes extravagantes — e também não gosta do que é falso. O que ela quer é tão somente sentir-se bajulada com exclusividade, de maneira especial, e ser o centro das atenções quando estiverem juntos.

Saber seduzir uma mulher não é um grande mistério, e levá-la para a cama não é bicho de sete cabeças, mas continue sua leitura e verá que tratá-la bem e satisfazer as vontades dela faz o resultado ficar ainda mais gostoso.

Capítulo 2

Zona(s) erógena(s)

O tesouro fica guardado no cofre, mas você precisa ter o segredo.

Será que algum homem lendo isto está se perguntando o porquê de eu ter acrescentado "(s)" no título desta seção? Sei que você provavelmente pensa que o correto é dizer zona erógena, no singular. Erroneamente, mas como brincadeira podemos falar que a zona erógena para qualquer homem é uma: o pênis (trato mais profundamente disso no meu livro "Como levar um homem à loucura na cama"), enquanto que para várias mulheres o corpo inteiro pode ser visto, e deve ser tratado como zona erógena.

Várias, se não todas, mulheres entendem que zonas erógenas são pontos de estímulo sexual, aqueles lugares de que você não pode se esquecer durante as preliminares. Na maioria dos casos, as mulheres precisam desse estímulo, mas elas também querem, elas desejam a excitação. Minha pesquisa revela que a mulher curte mais a jornada do que o destino final. Chegar lá é maravilhoso, mas é importante que o caminho seja excitante. O homem, normalmente, está pronto para o sexo e nem precisa das preliminares, por consequência não dá atenção às necessidades e aos desejos das mulheres.

Um dos grandes vilões em casos de divórcio é o sexo, e ainda assim as pessoas parecem ignorar a importância de manter a vida sexual quente, viva e ativa, com criatividade e sem monotonia. Todos queremos ser grandes amantes. Para isso, precisamos sair da zona de conforto; precisamos, vez ou outra, arriscar novos projetos e encarar aventuras, do contrário, a vida a dois fica um tédio e os dois, uns chatos complacentes.

O que é, ou melhor, o que são zonas erógenas, afinal?

O dicionário nos conta que são áreas no corpo capazes de causar excitação, ou prazer sexual.

Saber o que são é fácil. O ponto, ou o x da questão — será que eu deveria dizer o G da questão?! — é saber onde eles estão e como os encontramos. Eis o problema do homem. As zonas erógenas na mulher podem ser várias e, além de tudo, podem variar de uma para outra.

As principais zonas erógenas das mulheres são:

A vagina e o clitóris. Esses são os pontos que, estimulados, levam a mulher ao orgasmo. A vagina é estimulada a partir da contração muscular durante a penetração. Se ao penetrar e começar o ato sexual percebeu que a mulher não curtiu como você imaginava, duas coisas podem estar acontecendo: Ela não estava totalmente excitada e desejosa do seu pau; Ela gosta de sexo e da penetração, mas atinge o orgasmo no clitóris. Dê um jeito de descobrir o que está acontecendo e faça a coisa certa. A massagem e o carinho provocam o clitóris, mas são os movimentos circulares ou de baixo para cima — com os dedos, ou com a língua — que mais estimulam essa zona e levam a mulher ao orgasmo. Descubra a forma que ela mais gosta de ser estimulada. Se você errar o lugar e a pressão, poderá brochá-la ao invés de levá-la às nuvens. Você poderá descobrir pela observação ou seja pelo método da tentativa e erro, ou perguntando se ela está gostando e pedindo o mapa da mina. Normalmente a mulher fala: mais devagar; não pressione tanto o grelinho diretamente; vai mais para a esquerda ou para a direita; assim está gostoso demais, não pare...ui!

As zonas erógenas secundárias das mulheres são:

Pontos que, quando tocados, provocam excitação das áreas acima mencionadas. Nas mulheres, a virilha, a bunda, os grandes lábios, a entrada da vagina, o períneo, o ânus e os mamilos. Essas zonas secundárias aumentam o prazer, mas nem sempre são necessárias para levar a mulher ao orgasmo. Cabe a você avaliar o nível do tesão despertado em cada uma delas. Não economize carinhos onde sentiu que ela gostou. Um orgasmo alternativo dará um prazer especial, a vocês dois.

Zonas erógenas em potencial:

Como disse, zonas erógenas são aquelas áreas do corpo capazes de excitar ou causar prazer sexual, portanto, o objetivo de qualquer zona erógena em potencial é provocar uma série de sensações que excitam, estimulam e deixam a mulher excitada e bem molhadinha. Outras zonas erógenas são mais eróticas e podem variar bastante de pessoa para pessoa, tanto quanto à localização como quanto à intensidade da excitação. Essas zonas estão espalhadas pelo corpo e, por isso, é necessário que cada indivíduo descubra-as. Isso dará muito prazer.

Toda mulher sabe do que se trata o Ponto G e a maioria dos homens, provavelmente, já ouviu falar sobre ele, mas não consegue encontrá-lo ou nem se aventura a buscá-lo. Mas fique tranquilo! Você não vai precisar decorar o alfabeto enquanto procura pelo Ponto G — mesmo porque há outros pontos que também levam a mulher ao orgasmo. Minha sugestão é começar pelo mais fácil de experimentar, e quase nunca explorado: o Ponto U. Trata-se de uma região ao redor da uretra, entre o clitóris e a entrada da vagina, onde o tecido é bastante sensível. É muito fácil de ser encontrada. Deve ser tocada com o dedo ou com a língua. É um dos tesouros escondidos de várias mulheres. As áreas do corpo onde a pele é mais fina são as mais sensíveis, você deve se concentrar nelas quando estiver experimentando e se aventurando pelas zonas erógenas. Acariciar a região interna das coxas, o peito dos pés, a região interna dos braços, ou bíceps e as omoplatas (também conhecidas como saboneteiras) não só provocarão sua mulher, como também vão fazer com que ela queria ainda mais.

Você deveria dedicar algum tempo no reconhecimento das áreas onde é necessário aplicar mais pressão. Reconhecer onde a mão deve ser mais leve e onde ela deve chegar com um pouco mais de força traz bons frutos para sua vida sexual, afinal, vai ajudar a excitar a mulher, mas também, no final das contas, vai fazer o sexo ficar ainda mais gostoso.

O pescoço e principalmente a nuca, podem ser bastante sensíveis, tanto para mulheres quanto para homens — principalmente quando a pessoa não espera ser tocada nessa região. Surpreenda sua parceira na cozinha, quando ela estiver no computador, ou em outra situação em que esteja distraída. Beije com carinho e gentileza o pescoço, a nuca e os ombros. Tomar algo quente pode tornar seu beijo ainda mais gostoso, já que sua boca estará mais quente que o normal. Lembre-se: o quarto de dormir nem sempre é o único lugar excitante da casa.

Em geral, os homens concluem, e estão errados, que se uma mulher gosta de sexo ela quer que as coisas aconteçam o mais rápido possível. Grande erro, meu amigo! Por mais que queira TUDO, ela certamente não vai querer perder as preliminares. Como já disse antes, as pesquisas indicam que o caminho até o orgasmo não só é tão importante quanto chegar lá, como também pode ser o que define a qualidade do orgasmo.

Como chegar ao Ponto G

Muitos homens ficam bobos, intrigados, embasbacados com esse tal de Ponto G. Por isso, resolvi dar um apoio nessa busca do Santo Graal e preparei um exercício simples, passo a passo, para você localizar o Ponto G. Dedique-se, não se apresse, faça o exercício quando estiver com tempo para fazê-lo por completo, pelo prazer que vai resultar disso vale a pena. Alguns passos neste guia são dedicados à preparação do meio de campo, já que é importante criar um clima de amor, uma atmosfera de intimidade. Somente a partir destes passos é que o Ponto G vai aparecer na brincadeira.

DURAÇÃO

Para que a coisa aconteça adequadamente, sugiro dedicar de uma a duas horas, de preferência à noite na criação de clima para uma grande experiência sexual.

PREPARAÇÃO

Faça um jantar leve, saudável, não coma e nem beba muito. Você precisa estar com energia e com a mente tranquila, comer uma refeição pesada e encher a cara pode atrapalhá-lo. Lembre-se, também, das dicas no primeiro capítulo e nada de alho e cebola.

Prepare o clima com um drinque e uma boa música depois do jantar, por mais ou menos meia hora. Havendo o equipamento, uma boa opção é preparar para ela um banho de banheira, isso vai fazer com que se sinta bem cuidada. Enquanto ela estiver na banheira, verifique se tudo está preparado. Você precisa mostrar que se dedicou e preparou um lugar só para ela. Pode ser a cama, ou uma mesa e almofadas no chão, ou ainda, caso você tenha privacidade, um espaço no jardim.

Quando ela terminar o banho, seja gentil em conduzi-la até o local que você preparou e peça que ela se deite. Mostre que você fez o máximo para preparar um lugar sagrado, só dela, portanto, seu tom de voz precisa refletir isso, seja suave. Educação e delicadeza não custam caro, então se lembre de agradecê-la pelo carinho, pelo amor e por estar a fim de explorar com você o Ponto G. Mostre a ela que isso é importante para você também, afinal, você se preocupa em proporcionar-lhe prazer, mais ainda, você quer que ela sinta o que jamais sentiu antes. Não se esqueça de deixar claro: esse momento é dela, mas o prazer é dos dois, porque o orgasmo dela é prazer para você também.

MASSAGEM

Você não precisa ser um mestre na massagem. Massageie sua parceira com suavidade, lentamente, entre cinco a dez minutos de frente e de costas. A intenção é criar intimidade e conexão entre os dois, além de relaxar sua parceira. Isso também vai fazer com que fique mais aberta e receptiva ao seu toque. É muito importante que, durante a massagem, você esteja totalmente concentrado somente na massagem. Neste momento, o objetivo é levar a mulher ao relaxamento, ainda não é encontrar o Ponto G. Apertá-la na bunda, segurar com mais firmeza os seios, beijar a nuca e sussurar coisas "calientes", além de morder de leve, lamber ou soprar os mamilos é sempre muito produtivo. Lembre-se: você reservou esse tempo e esse lugar para ela; você não tem horário para seguir e nada para fazer além de aproveitar o momento com ela.

AQUECENDO

A esse ponto ela já deve estar bastante relaxada e excitada, então já dá para avançar mais. Isso inclui: beijar, chupar os mamilos, chupar os dedões dos pés, apertar as coxas e estimular o clitóris. Não se esqueça de que deve ir com calma; nada de penetração agora. Se você é do tipo que só faz uso daquela mão boba aqui e ali e logo parte para o sexo e o orgasmo, calma, confie em mim. Neste exercício você não vai fazer sexo, mas vai deixar sua mulher super excitada.

PARA ENCONTRAR O PONTO G

Quando ela estiver doidinha, sem poder esperar mais um segundo, vai implorar que você a penetre. Faça com que fique bastante à vontade, já que o próximo passo é colocar seus dedos dentro dela e brincar com o clitóris. Você pode ficar sentado ao lado dela, ou talvez ajoelhado entre os joelhos dela. Não importa a posição, o importante é que os dois estejam confortáveis.

Coloque seus dedos dentro da vagina dela e massageie por dentro. Faça experiências: coloque fundo, coloque na entrada, encoste nas laterais, movimente, explore o espaço e sinta-se dentro da vagina da mulher. Vá com calma e, se necessário, utilize um lubrificante, ou até mesmo saliva, para manter tudo bem molhadinho... Aí é só aproveitar.

É importante que a mulher tenha liberdade para dizer o que está bom e o que não está, o que deve ser mais leve e o que deve ter mais força, o que deve ser mais rápido e o que deve ser mais devagar. Lembre-se de perguntar se ela está bem, se está gostando, se prefere de outra forma. Isto é um exercício de aprendizado, de reconhecimento. O homem precisa de um *feedback* e de orientação verbal e explícita. Acredite nas pesquisas que eu fiz: vale a pena treinar e superar qualquer possível desconforto que possam experimentar.

ESTIMULANDO O PONTO G

Agora é a hora de começar a estimular o Ponto G. Comece por inserir um dedo — ou dois — até o fundo e depois flexione, fazendo um gancho. Você precisa fazer com que seus dedos fiquem virados para frente, e movimentar como se estivesse fazendo sinal chamando alguém. Se estiver fazendo isso certo, nesse momento estará tocando por dentro a parte da frente da vagina, estará praticamente tocando o clitóris por trás, bem próximo ao osso pubiano e então poderá experimentar aumentar ou diminuir a pressão, movimentar com mais força, ou mais lentamente. Faça movimentos para frente e para trás com seus dedos. Nesse momento a mulher precisa dizer o que está bom e o que não está. Você, homem, não se esqueça de perguntar. Você, mulher, deve responder, afinal, o objetivo não é ajudá-lo a deixá-la louquinha?

Provavelmente você vai encontrar áreas que são mais ásperas que outras, talvez com algumas leves elevações. Parabéns, você encontrou o Ponto G. Ao estimulá-lo, em geral, ele fica mais inchado e mais evidente. Nesse exato momento você precisa descobrir como ela quer que você faça. Algumas mulheres gostam quando o homem faz mais pressão e com um pouco de força, mas a maioria prefere uma leve pressão. Não se apresse. Dedique-se a entender o que ela gosta e de como gosta de ser tocada. Se você acertar agora, se beneficiará no futuro. Uma combinação mágica é tocar o Ponto G com o dedo indicador, ou o dedo médio e estimular o clitóris ao mesmo tempo com a língua ou com seu dedão. Se a mulher se soltar e curtir, poderá chegar a orgasmos incríveis. Se ela não gozar com esse exercício, não se preocupe e diga a ela para não se preocupar também! O principal objetivo era você encontrar o Ponto G, descobrir a melhor forma de estimulá-lo, além de criar intimidade e confiança com sua parceira. Se ela gozou ou não, é muito provável que venha pedir para você repetir a dose em outras ocasiões. E você pode repetir sem ela pedir, não é?

Está vendo? Como você acabou de ler, não é simplesmente encontrar o X do mapa. Pelo contrário, o mapa do corpo de uma mulher é muito mais complexo que o de um tesouro enterrado, mas o resultado quando você descobre o ponto certo pode ser muito recompensador para ambos, como continuaremos vendo na história de Rosana e Fernando.

Depois de mais alguns encontros, Rosana convidou Fernando para jantar na casa dela. Ele continuava bastante atento a ela, sempre que encontravam, fazia com que Rosana se sentisse uma pessoa especial. Ainda por cima, havia um ar misterioso em Fernando que fez com que ela tomasse a decisão de tratar aquela como "a noite".

Depois do jantar, os dois foram para o sofá continuar a beber o vinho. A bebida e a música que Rosana escolheu combinaram perfeitamente. Fernando serviu as duas taças, mas antes que Rosana pudesse dar um gole, ele a envolveu nos braços de forma suave, com um pouco de ousadia e sensualidade.

Ele começou a passar a mão por todo o corpo de Rosana e para cada pedaço que tocava, ele fazia um novo elogio. Quando a beijou na boca, Rosana sentiu um delicioso frio no estômago. Quando mordeu, de leve, os lábios dela, o frio desceu-lhe pelo corpo e subiu quente acelerando seu coração e seus pensamentos. Ela só conseguia pensar no que estava para acontecer. Fernando levou Rosana para o quarto. Ele a beijou na boca, devagar e com suavidade. Em poucos segundos despiu Rosana. Enquanto o vestido dela caía no chão, ele a pegou no colo para então levá-la para a cama. Fernando beijou e chupou os seios de Rosana. A língua dele corria pelos seios para então circular os mamilos que ele chupava com muito tesão. Enquanto lambia os mamilos de Rosana, Fernando a olhava nos olhos.

Ele a olhava, chupava e lambia seus seios, Rosana se sentia uma deusa.

Não demorou muito e os dois estavam nus, na cama. Ele acariciava todo o corpo de Rosana, explorando cada pedaço, cada canto, com as mãos e com a língua. A forma como ela suspirava, ou gemia de prazer a cada toque, dava-lhe confiança para continuar, parar, acariciar, massagear, com suavidade ou com mais força. Com atenção às reações de Rosana, Fernando descobria o que ela queria dele. Quando tocou, suavemente, nos pelos da vagina, suspirou ofegante. Ela sentia a excitação dele, o pênis duro roçava sua coxa enquanto ele a envolvia em um braço e sussurrava desejos e sacanagens no ouvido. Fernando continuou a explorar o corpo de Rosana com leves mordidas nos lugares certos: a nuca, a cintura acima das nádegas, os seios, as coxas, a bunda. Quando acionava os pontos certos, na hora certa, percebia que ela ficava cada vez mais excitada.

Ele a beijava com suavidade, mas sensualmente.

As mãos dele começaram a explorar o espaço entre as pernas dela.

Os dedos de Fernando acariciavam, esfregavam a virilha de Rosana.

Fernando tocou suavemente o clitóris de Rosana. Massageou. Acariciou.

Rosana estava louca para senti-lo dentro dela, mas ele a controlava. Tudo o que ela podia fazer era segurar o pau de Fernando nas mãos, sentir o quanto estava duro e massagear provocando gemidos de prazer que ele sussurrava no ouvido dela.

A mão de Fernando chegou à vagina.

Ela mordeu os lábios para não gritar.

Ele enfiou dois dedos nela. O dedão esfregou o clitóris fazendo movimentos circulares enquanto os dedos exploravam o Ponto G.

Ela ficou ofegante enquanto ele a posicionava depois de fazer uma pausa para provocar nela a expectativa da penetração. E foi então que ele entrou com tudo.

O gemido e o grito de prazer de Rosana enquanto sentia o pau de Fernando entrar, fez com que ele ficasse ainda mais duro, mas ao mesmo tempo, gentil, levando entretanto Rosana, com poucos movimentos, ao orgasmo imediato, um orgasmo que ela já sentia chegar, desde quando a brincadeira começou.

Quando o corpo de Rosana se levantou em um arco com a intensidade do orgasmo, Fernando diminuiu o ritmo e permitiu que empurrasse o corpo para mais perto dele, fazendo o pênis entrar ainda mais fundo.

Ao relaxar, sentia que ele ainda estava duro com o pênis a pulsar. Gozaram juntos.

Ele gozou dentro dela.

Rosana esperou que Fernando se virasse para dormir, como o parceiro anterior havia feito, mas ele a olhou nos olhos, bem perto e lhe disse o quanto era bonita. Com delicadeza colocou os cabelos dela para trás. Ela sentiu-se tão relaxada que fechou os olhos e viajou. Rosana caiu no sono.

Ao acordar, pouco tempo depois, Fernando estava deitado ao lado dela. Ela suspirou e tremeu com a excitação de ter feito o melhor sexo de que se lembrava e com a expectativa com relação ao futuro. Ela tinha tanta fantasia sexual e pela primeira vez se atrevia a desejar compartilhar e realizar com Fernando seus sonhos mais sacanas.

Então, agora você sabe que o conteúdo dos cofres é o mesmo e você já tem a combinação para entrar, descubra o quanto pode ser divertido experimentar caminhos diferentes para chegar ao tesouro.

Capítulo 3

Bondage

Centenas de sites na internet confirmam que milhares de pessoas, no mundo inteiro, praticam *"bondage"* — talvez até milhões. Quem vai saber? Afinal, isso por acaso seria assunto seu, no ônibus, durante o almoço, ou com seu carona naquele trânsito infernal a caminho do trabalho?

Depois do sucesso do livro "Cinquenta tons de cinza", decidi detalhar um pouco melhor sobre as preferências do Sr. Gray.

Mas, espere aí, deixe-me iniciar o capítulo com a definição do termo. *Bondage* é uma palavra inglesa que significa escravidão, subserviência, ou ainda, tornar-se escravo de alguém de forma a pertencer a essa pessoa e fazer o que lhe é pedido. A prática do *bondage* consiste em amarrar partes do corpo de alguém de forma que essa pessoa não possa se mexer para dar ou receber prazer sexual.

Já foi um grande tabu, mas o *bondage* vem perdendo o estigma, e já há muitos amantes curiosos e aventureiros a procura de novas formas de prazer sexual a partir de experimentações com seus parceiros que aderiram a essa prática que pode ser suave, sensual e romântica, mas que também pode ser, digamos, sacana, intensa e eletrizante.

O simples fato de amarrar sua amante oferece novas experiências físicas, sentimentos intensos de confiança e cumplicidade. Visto como uma manifestação artística por várias pessoas que praticam alguns dos mais elaborados métodos de amarrar a parceira, a prática de *bondage* inclui uma gama bastante variada de atividades a serem desenvolvidas no quarto, desde vendar os olhos de sua parceira até amarrá-la pelos pulsos e tornozelos.

Bondage — escravidão, subserviência, atividade que consiste em amarrar partes do corpo de alguém para que essa pessoa não se mexa a fim de dar ou ter prazer sexual — foi foco de vários testemunhos de mulheres acerca de o que as faz sentir prazer.

Cordas, algemas, fitas adesivas, ou qualquer coisa que possa ser utilizada para amarrar e prender uma pessoa pode ser utilizada para essa brincadeira. Pode ser simplesmente amarrar as mãos de alguém na cabeceira da cama, ou em algum equipamento especial para o *bondage*.

Em minha pesquisa, Eleonora conta:

"A melhor coisa a se fazer é começar devagar. Depois, aos poucos, a gente vai se aprofundando na prática. Deve-se amarrar uma das pessoas, primeiramente, pelos pulsos apenas. Depois amarram-se as mãos, os tornozelos e assim até chegar ao ponto em que a pessoa fica completamente presa, indefesa. Já ouvi casos de pessoas que resolvem experimentar e entram de cabeça no negócio a ponto de, na verdade, entrar em pânico e o negócio não funcionar. Isso acontece porque a fantasia é sempre diferente da realidade. Eu, pessoalmente, adoro ficar indefesa na hora do sexo. Pra mim é um milhão de vezes mais gostoso. Normalmente eu é que fico amarrada e não sei o que meu parceiro vai fazer comigo. Independentemente disso, eu não tenho escolha mesmo, então só me resta ficar ali, deitada, quietinha e amarrada, como uma boa garota, e deixar que ele me possua. Pra mim isso é excitante demais."

Um terço das pessoas que responderam a minha pesquisa disseram que praticam *bondage* com atividades sadomasoquistas, ou pensaram ser *bondage* e sadomasoquismo a mesma coisa. Aliás, muitas pessoas confundem os dois, mas são coisas distintas.

Bondage é o objetivo. Como por exemplo, quando um amarra o outro antes ou durante o sexo. A sensualidade e o erotismo são importantes na prática de *bondage*, mas não são objetivos. Da mesma forma, a estética tem papel importante no *bondage*.

É comum o parceiro ativo amarrar o outro a fim de que ambos fiquem excitados com a submissão do parceiro amarrado e com o poder e controle do outro. O *bondage*, muitas vezes, é praticado por parceiros que curtem o sadomasoquismo, já que a pessoa amarrada fica mais sujeita à vontade e ao controle do outro. Mas pode simplesmente ser praticado porque os parceiros curtem o próprio *bondage*, ou seja, ficar amarrado e com os movimentos restritos.

O parceiro ativo sente prazer ao ver o outro preso, enquanto o parceiro passivo sente prazer pelo tato, pela sensação de ser tocado ou penetrado enquanto está imóvel.

Vários casais incorporam *bondage* na vida sexual, em geral, esporadicamente, mas algumas vezes com regularidade e muitos acreditam que a prática de *bondage* fortalece o relacionamento. Algumas vezes isso toma a forma de uma brincadeira, ou de fantasia sexual. O *bondage* no quarto muitas vezes é utilizado como preliminar. Exige e implica em um nível de confiança e entrega da pessoa amarrada. Essa entrega é voluntária e de comum acordo.

A principal característica do *bondage* é que a pessoa amarrada fica vulnerável a uma grande variedade de práticas sexuais e, normalmente, é isso que causa excitação. O parceiro amarrado fica dependente das ações do outro para ter satisfação no sexo. O parceiro ativo, por outro lado, pode tratar o amarrado como um objeto sexual.

As razões que levam pessoas a se deixarem amarrar são várias. Alguns sentem certa liberdade enquanto são fisicamente passivos, já que assim podem se concentrar no que sentem e curtir a melhor das sensações. Uma participante da pesquisa sobre o que motiva a prática de *bondage* explicou: "Algumas pessoas precisam ser amarradas para se sentirem livres." Outras, indefesas, lutam contra o próprio corpo, contra as amarras e sentem um grau de masoquismo a partir da dor, e também da proibição do estímulo erótico.

Pode ser relativamente simples participar de *bondage*. O *bondage* no quarto é, em geral, suave e um parceiro é voluntariamente amarrado, ou preso com algemas. As vendas nos olhos são comuns nessas brincadeiras feitas no quarto. A pessoa amarrada é então estimulada com masturbação, penetração com os dedos, sexo oral, uso de vibrador, ou relação sexual. *Bondage* também pode ser praticado para outros propósitos além das preliminares. Por exemplo, pode ser uma prática adotada para provocação erótica.

O parceiro livre pode atingir prazer erótico, ou ficar excitado sexualmente por estar no papel de dominante, enquanto a pessoa amarrada pode ficar excitada por estar totalmente indefesa, nas mãos de um parceiro de confiança.

De uma forma ou de outra, em geral, os parceiros fazem as brincadeiras de *bondage* para realizar fantasias sexuais.

Em resposta a minha pesquisa sobre *bondage*, o parceiro de Maria Luiza relatou bem a opinião dela sobre o momento.

"Mais ou menos há um mês entrei num grupo de discussão para falar de como a garota com quem estou saindo está ligada nessa ideia de *bondage*. Eu nem tinha noção desses desejos dela quando começamos a sair. Só depois de uma ou duas semanas é que ela me contou. O que a gente passou a fazer era até normal, nada assim muito maluco, mas era sexo muito bom, tinha alguns elementos de *bondage* — uma vez eu amarrei as mãos dela com o cinto e ela tinha um chicotinho que usei com moderação, se é que me entende. Essas coisas eram novidade pra mim naquele tempo, claro, mas como sou um cara de mente aberta, deixei a gata me levar na dela.

Quando a gente já estava junto há seis semanas, ela me pediu para fazermos uma sessão completa de *bondage*. Concordei. Quando vi o olhar de satisfação da gata fiquei ligadão e ela também. Foi no fim de semana seguinte que colocamos em prática o que ela havia pedido. Pensei que ela tinha sido rápida para conseguir todas as "ferramentas", mas agora sei que ela já tinha tudo pronto quando me pediu. Ela é danadinha! Tirou todo o equipamento do armário e me contou exatamente o que queria.

Ela basicamente queria que eu a amarrasse com correntes, queria que eu a vendasse e a amordaçasse e me mostrou a roupa própria para isso — cara, a roupa tinha ganchos! Perguntei se não deveríamos ter uma conversa antes, do tipo o que cada um aceita, ou não, quer dizer, os limites de cada um. Pensei na segurança mesmo. Ela riu. Disse que não precisava dessas "conversinhas". Disse para eu fazer tudo que fosse selvagem e tomar cuidado apenas para não a nocautear.

Fiquei um tanto quanto apreensivo e inseguro, mas depois de perceber como ela estava excitada... Uau! Impossível protestar. Eu precisava entrar na dela.

A excitação dela foi contagiosa e gerou um efeito fantástico em mim. Mais ainda quando ela começou a se despir. Tirar a roupa de uma mulher e as preliminares sempre foram minhas partes favoritas, mas dessa vez ela tirou suas próprias roupas e vestiu-se com lingerie preta, super *sexy*. Lógico que eu não iria reclamar. Daí ela me pediu ajuda, disse que depois que estivesse com os braços e as pernas amarradas não poderia fazer mais nada. Fiquei em choque quando vi aquela roupa, é meio estranho, devo confessar, aquilo força a garota numa única posição.

Nunca vi algo daquele jeito antes. Não se trata apenas de umas "correntezinhas", como mostram as fotografias de revista de sacanagem. Eram correntes que amarravam os braços dela às pernas e em volta da cabeça.

Ela então me pediu a *"ballgag"*, ou mordaça de bola, e depois fechou os olhos e balançava a cabeça apontando para a venda. Precisei aprender como colocar essas coisas na gata, nunca tinha trepado com uma mulher assim, toda presa, toda minha e que nem poderia reclamar. Ela já tinha avisado para eu fazer o que quisesse e me soltar naquele momento.

Cara, literalmente, fiquei uns dois minutos em pé só olhando pra ela, fiz nada, só conseguia pensar que deveria ter visto mais revista ou site especializado na coisa e que estava meio sem noção do que fazer até ela murmurar "vem logo".

Daí eu caí matando!

Na verdade, não.

Ajoelhei.

Fiquei em pé.

Comecei a estudar o que fazer naquela situação. Foi então que me dei conta de que a primeira coisa era provocar. Comecei a passar a mão pelo corpo dela com delicadeza só para ouvir os gemidos.

"Mais forte".

Parei para pensar. Daí peguei a corrente do braço e puxei com força. Depois peguei a gata pelo pescoço. Ela urrou de tesão, mas aí fiquei meio paralisado de novo, eu havia planejado só até ali. O que fazer depois?

Simplesmente disse pra mim mesmo "vamos lá, cara, a garota basicamente quer sexo selvagem e você tem as ferramentas à disposição, não vai vacilar."

Como ela mesma já tinha falado para fazer, deixei o momento me levar. Arranquei o sutiã dela e apertei os seios com um pouco de força. Ela parecia estar gostando. Daí peguei o chicote e comecei a usá-lo devagar nos mamilos, mas de vez em quando dava uns golpezinhos mais fortes. Nesse momento eu já estava entrando na onda. Quero dizer, ela acabou se tornando a minha brincadeira.

Eu puxei a gata pelo cabelo para ela ir para o chão e dei com vontade uns tapas naquela bunda gostosa. Eu fiquei tipo "nossa...isso foi forte demais". Mas ela simplesmente gemia de tesão. Arranquei a calcinha e levantei as pernas dela e comecei a me esfregar naquela boceta deliciosa. Provavelmente foi uma cena meio estranha, já que eu era a única coisa que a segurava em pé, pelas pernas, com cabeça apoiada no chão. Mas nesse ponto eu já estava muito doido e totalmente na dela. E digo que ela também estava doidinha de tesão.

Eu a coloquei pra baixo e tirei as correntes da cabeça dela para ela conseguir movimentar, depois a coloquei de joelhos de novo. Tirei aquela *"ballgag"* irritante e coloquei meu pau pra fora. Assim que ela percebeu o que estava por vir, cuspiu. Respondi com um tapa — não foi forte, mas foi um tapa. Ela simplesmente respondeu "Seu filho da puta! Isso! Vai!" Puxei a cabeça dela em minha direção e por cinco minutos, mais ou menos, eu fazia questão de fazer ela engasgar com meu pau e cuspir mais algumas vezes.

Nesse ponto eu imaginei que já era hora de chegar ao nosso objetivo. Empurrei a gata pra baixo com mais força do que eu havia usado até aquele momento e desacorrentei as pernas dela, os braços ainda estavam presos para trás. Puxei os cabelos dela enquanto comecei a meter nela de quatro. Foi maravilhoso ouvir aquela mulher gemer e gritar tanto de prazer quanto de dor enquanto eu puxava seus cabelos e metia fundo, com toda força. Quando senti que já estava quase chegando lá, eu parei e a empurrei com força. Ela me xingou. Daí eu a virei de barriga para cima. Falei para ela me abraçar com as pernas. Ela respondeu um "vai te foder". Então eu peguei o chicote de novo e comecei a golpear os mamilos dela, mas dessa vez com mais força. Ela finalmente fez o que pedi e gritou de prazer enquanto eu metia tudo, com mais força do que eu jamais imaginei que um dia faria. Ela começou a gritar cada vez mais alto. Até eu cair em cima dela e nós dois começarmos a respirar fundo, ofegantes por alguns minutos e ela caiu na gargalhada, eu também.

"E então? Tem alguma coisa que você queira repetir?" — ela perguntou.

"Talvez." — respondi ofegante e nós dois caímos na gargalhada de novo.

Depois de um tempo tomamos banho e fomos tomar sorvete no McDonald's. No caminho, quando passamos em frente a uma loja de ferragens e vimos correntes e cadeados, não conseguimos segurar o riso.

Diria que não é algo que eu faria a toda hora. Dá muito trabalho, toma tempo e esforço. Até hoje a gente faz piada com o fato de que ela precisou esperar ainda um tempão até que eu entrasse na dela. Ao mesmo tempo, é algo que eu não me incomodaria em fazer de novo. Além do mais, tenho certeza que ela ainda tem mais algumas coisinhas guardadas para mim... Afinal, vive dizendo que tem planos."

Como podemos perfeitamente perceber a partir do relato acima, o prazer a mais conseguido através do *bondage* foi proveitoso para esse casal específico. As "ferramentas" usadas no *bondage* são variadas e podem adicionar prazer de diferentes formas para diferentes casais e seus diferentes gostos.

Os "brinquedos" do *bondage* normalmente são cordas, algemas, correntes, coleiras, mordaças, vendas, cadeados, e outras coisinhas mais criadas para praticar com segurança a arte do *bondage*.

Eis aqui um rápido guia para os diferentes brinquedos e suas funções no *bondage*.

"BONDAGE BAR" não é exatamente um lugar onde você pode tomar drinques e comer aperitivos — quer dizer, depende do ponto de vista...

A palavra "bar" refere-se à barra. Isso mesmo: *bondage bar*, ou barra para *bondage*, barra longa, ou barra de imobilização é uma barra rígida, em geral de metal ou madeira, com tornozeleiras e/ou pulseiras presas às pontas, utilizadas para restringir os movimentos da parceira — ou dele, no caso de ela entrar na brincadeira como dominadora. Quando uma barra de *bondage* é utilizada com tornozeleiras e pulseiras ao mesmo tempo, a parceira ficará de quatro, com pernas e braços abertos. Outra possibilidade é ficar com a barriga para cima, de quatro, invertida.

Anelise, secretária em um escritório de advocacia de São Paulo, escreveu para contar de sua experiência com a barra para *bondage*:

"Já havíamos experimentado daquelas algemas padrões, mas a barra nos proporcionou uma outra experiência. Foi como um progresso em nossas aventuras sexuais. Eu havia chegado à conclusão de que era hora de surpreender meu marido de novo. Dessa forma, há um mês comprei a tal da barra para *bondage*, também conhecida como barra longa, com tornozeleira e pulseira. Basicamente, a gente prende as tornozeleiras, as pulseiras e fica de quatro. No meu caso, fiquei com a bunda para cima. As barras têm diferentes comprimentos. As que utilizamos me deixaram com pernas e braços abertos. A sensação de estar exposta e indefesa me deu, de certa forma, poder. Um sentimento estranho, talvez. Para qualquer casal interessado em experimentar, especialmente para o homem, meu conselho é: sua parceira estará de braços e pernas abertas a sua espera, então aproveite, porque vocês vão gozar de um jeito que jamais gozaram na vida.

"LENÇOL PARA BONDAGE" é um lençol que já vem com pulseiras. Ele funciona como qualquer roupa de cama tradicional e é feito com material macio. O lençol para *bondage* é perfeito para uma brincadeira mais leve.

Mas atenção! Não se esqueça de tirar as pulseiras quando elas não estiverem em uso. Afinal, como você explicaria para sua sogra que você curte prender a filhinha dela na cama?

Olga, natural do Rio de Janeiro, atualmente morando em Nova Iorque, compartilhou conosco suas alegrias com o *bondage*:

"Há quatro anos vi pela primeira vez esse produto, mas naquela época não tinha condição de gastar duzentos dólares naquilo. Daí encontrei uma página na internet e me lembrei do quanto eu queria experimentar aquele lençol, ainda mais depois de ver o vídeo. Infelizmente eu dividia o apartamento com amigas e naquela época não adiantaria comprar aquele tipo de produto. Mas finalmente eu me mudei e fui morar sozinha. A primeira coisa que comprei? Um lençol para *bondage*! Recebi ontem, pelo correio. Nunca fiquei tão feliz em ver o carteiro! Li nos comentários do site que era bom comprar correntes também. Fiz isso. EXCELENTE CONSELHO! Fiquei um tempo experimentando as diferentes conexões e posições, sozinha mesmo. Eu preciso dizer: as possibilidades são infinitas! Quando a gente encomenda coisa sem antes ver de perto, ficamos meio céticas. Mas esse produto atendeu a todas as minhas expectativas e a mais algumas! Todos os comentários que vi estavam certos; o lençol é incrivelmente macio, aparenta ser qualquer roupa de cama tradicional e os prendedores fixam bem. Vou receber um amigo hoje à noite. Mal posso esperar para realmente testar o produto!"

"FITA ADESIVA PARA BONDAGE" é um daqueles produtos especiais que quem gosta da coisa, curte utilizar na hora do sexo! Trata-se de uma fita adesiva usada para prender, restringir movimentos, ou cobrir alguns pedaços do corpo. Pode ser também chamada de fita do prazer, já que, em geral, é fácil de aplicar e, o que é ainda mais importante, é fácil de ser retirada, não machuca, não puxa a pele. Afinal de contas, *bondage* é uma atividade de diversão, no final da brincadeira, você não vai querer parecer um peru depenado. Tenho certeza, também não quer fazer do sexo uma sessão de depilação.

Olga também nos deu sua impressão sobre a fita adesiva para *bondage*:

"Já há algum tempo que eu estava curiosa para experimentar essa fita adesiva e finalmente um dia resolvi fazer isso. Gostei demais do resultado. Achei que foi uma forma de nos envolvermos no quarto. Eu, de toda forma, gosto de ficar amarrada, mas foi bem legal usar a fita, só para variar. Apesar de eu achar que nada é melhor que as boas e velhas cordas e algemas, a fita também pode ser usada para se ter grandes momentos de prazer. É fácil, rápido e indolor."

TORNOZELEIRAS E PULSEIRAS são semelhantes às tradicionais algemas, com a diferença de que são mais macias, flexíveis e confortáveis. São utilizadas para prender a pessoa pelos pulsos e tornozelos. O velcro é comumente utilizado no lugar de fivelas, cadeados e outros tipos de prendedores, e é bastante útil para evitar situações constrangedoras como quando o parceiro esquece a chave das algemas em casa. As tornozeleiras e pulseiras são utilizadas em combinação com outros brinquedos como as cordas, correntes e barras.

As **CORDAS** são os mais básicos acessórios de *bondage*. Não estou falando daquelas grosseiras cordas usadas para prender o barco ao cais, ou para amarrar a mudança na boleia do caminhão. Estou me referindo às macias, maleáveis e agradáveis ao toque da pele. As cordas podem ser utilizadas para prender ou restringir movimentos e são perfeitas na brincadeira de *bondage*.

TIRAS — calma! Isso tem nada a ver com a polícia — são brinquedos para *bondage*, semelhantes às cordas; permitem que você restrinja o movimento de diferentes partes do corpo: os pulsos, tornozelos, braços e as coxas. As tiras podem ser encontradas em diferentes comprimentos e também utilizam o velcro como fecho.

Os **ARREIOS ERÓTICOS** também são ótimos brinquedos. Há os masculinos e os femininos e eles podem ser encontrados em diversos modelos, por exemplo, o tipo gladiador, ou o "madona queen". Tratam-se de tiras de couro conectadas por argolas que podem fazer o contorno dos seios, ou vestir como um colete. Alguns têm uma tira conectada a uma bolsa tapa sexo, que também tem tiras para segurá-la no lugar. Outros modelos apresentam ainda outra tira para ser colocada ao redor do pescoço com uma corrente que desce até os tornozelos permitindo puxar as pernas o máximo para trás e, dessa forma, criar as perfeitas condições para uma penetração profunda. Alguns arreios possuem tiras para que um parceiro se prenda ao outro. Eles permitem posições inimagináveis.

BALANÇO ERÓTICO não é um brinquedo comum a qualquer playground, mas sim para os "parquinhos" de aventura e que sejam mais privativos. Os balanços eróticos são brinquedos grandes que podem ficar presos ao teto, ou presos por suportes montados ao chão. Servem para ajudar a fazer as mais avançadas posições sexuais.

Marieta contou sua primeira experiência com o balanço erótico:

"Tive que experimentar isso, fim de semana passado, no quarto de motel. É impressionante! Usar isso na companhia de alguém é garantir a descoberta de possibilidades que jamais havíamos imaginado antes."

As **CORRENTES** são, em geral, usadas com tornozeleiras e pulseiras de *bondage*. Elas são conectadas nos tornozelos e/ou pulsos e a outra ponta em alguma mobília. São de mais fácil manuseio, já que possuem presilhas que permitem prender e soltar com facilidade.

Agora que estudamos a teoria sobre *bondage*, já podemos partir para a prática. Algo importantíssimo quando alguém topa a brincadeira é determinar as regras antes do jogo começar. Deve-se combinar uma palavra ou um sinal de segurança entre os participantes, ou seja, algo que qualquer um pode dizer no momento em que a situação ultrapassa os seus limites de tolerância. Além disso, deve haver confiança entre os parceiros de que os limites serão respeitados e, se necessário, o *bondage* será interrompido.

Rosana ainda estava em lua de mel com Fernando e tinha várias fantasias sexuais sobre o que fariam um com o outro. Uma de suas prediletas era praticar o *bondage* com ele. Bastou trazer o assunto à tona que ele logo admitiu que a ideia o deixava excitado.

Combinaram uma noite de *bondage*, para depois do jantar.

Fernando pegou na mão de Rosana e a levou para a cama e a ajudou a tirar o vestido. Ele amarrou delicadas fitas nos pulsos dela e na cabeceira da cama, de forma que ela ficasse indefesa. Fernando se afastou um pouco e encarou Rosana nos olhos. Com as mãos amarradas ela se sentia indefesa, isso aumentou o tesão de ver o pau dele ficar duro, e quando Fernando puxou a calcinha dela, Rosana sentiu a umidade entre as pernas aumentar e o coração começar a bater mais forte.

Ele começou a andar ao redor da cama sem tirar os olhos dos olhos dela e sem parar de masturbar. Ele então parou. Debruçou-se sobre Rosana e pegou com força naquela boceta úmida; enfiou um dedo dentro dela. Ela sentiu uma vontade incontrolável de se jogar contra ele, mas ele tirou o dedo e disse "Não tão rápido assim. Agora eu estou no comando." Rosana sentiu a vagina se contrair com o tesão. Ela ainda estava indefesa, mas muito excitada de pensar em o que Fernando poderia fazer com ela.

Ele colocou o pinto duro próximo à boca de Rosana e se abaixou para sussurrar no ouvido dela "Me chupa." Ao dizer isso, ele colocou a cabeça do pênis nos lábios dela. Rosana começou a lamber e a chupar a pontinha; ele gemeu de prazer e, ao mesmo tempo, apertou os mamilos dela, um de cada vez. Ela saboreou o caldo quando o pau de Fernando começou a pulsar. Estava a ponto de gozar na sua boca, mas tirou rapidamente e se afastou um pouco dela.

Ele foi para o pé da cama e se debruçou sobre ela beijando suavemente sua barriga. Ela sentia o calor da respiração, enquanto ele, devagar, descia até a boceta molhada de Rosana. Ele começou a chupar e a dar leve mordidas no clitóris. "Está gostoso?" perguntou com a respiração ofegante.

"Demais", ela gemeu.

Rosana sentia as pernas serem abertas pelas mãos de Fernando enquanto ele enfiava um dedo e depois outro dentro dela ao mesmo tempo em que chupava o clitóris e, por fim, enfiou quatro dedos enquanto ela abria ainda mais as pernas e gemia de prazer.

Fernando tirou os dedos de dentro de Rosana. Por alguns segundos ela ficou desapontada, mas logo sentiu a ponta quente do pênis dele entre suas pernas.

Ele a provocou por alguns segundos antes de penetrar, primeiro bem devagar para depois acelerar ao máximo. Rosana sentia que ia gozar e queria abraçá-lo e puxá-lo para mais perto, mas a única coisa que conseguiu fazer foi envolvê-lo com as pernas, porque ainda estava amarrada. As pernas de Rosana abraçaram a cintura de Fernando que a levantou pela bunda para penetrar ainda mais fundo.

Rosana estava tão excitada que não conseguia evitar a explosão do orgasmo que vinha bem do fundo. Ela gritou, no mesmo momento em que ele também gozou.

Fernando relaxou e se jogou na cama, ao lado de Rosana. Ele estava ofegante, mas depois de um minuto ou dois começou a beijar Rosana com carinho: "Você é linda, Rosana".

Ele a desamarrou e a colocou nos braços, ainda quentes e um tanto suados. Rosana sentiu o delicioso aroma do perfume quando ele se aproximou para beijá-la na testa e nas sobrancelhas.

"Tão linda" ele sussurrou no ouvido dela e os dois ficaram abraçados até dormir.

Mas antes de os olhos de Rosana fecharem, ela teve tempo de fantasiar sobre a próxima vez.

Nos comentários, Rosana escreveu: "Não sei se mulher ou homem gosta mais disso, mas sei que dor, às vezes, pode gerar um intenso prazer. Dor durante o ato sexual, na realidade, libera algumas substâncias que agem como narcóticos e deixam a gente doida. Sei que gosto de ser dominada (nem sempre) no quarto, porque gosto da sensação de me doar por completo para outra pessoa e ficar sob o controle dela. Imagino que seja porque na vida real eu tenho personalidade e caráter muito fortes e, normalmente, estou no comando. Gosto de renunciar a esse controle em, pelo menos, um setor da minha vida. No entanto, há momentos em que eu ainda quero ficar no controle e dominar meu parceiro no sexo. Essa é outra fantasia que ainda vou realizar."

Pela história acima, parece que Rosana e Fernando estavam dispostos e felizes por experimentar coisas diferentes para realizar as fantasias um do outro. Entretanto, quando Fernando chegou em casa, na semana seguinte, e ela o esperava apenas com uma cinta-liga de couro e segurando um chicote na mão direita, ele só conseguiu pensar "Puta que pariu! E agora?"

Capítulo 4

Dominação feminina

Não deixe uma mulher dominadora tomar conta de você por completo, cuidado!

Ah! Mas entre na dela de vez em quando, porque pode ser muito divertido.

Ser dominado sexualmente por uma mulher ainda é a fantasia número um de muitos homens.

Ser a *dominatrix* não está longe do topo da lista de muitas mulheres.

Então vamos lá. Para iniciarmos esse tópico lanço uma pergunta:

Você acredita que todas as mulheres têm um lado dominador em sua personalidade?

Por muitos séculos a sociedade confundiu a delicadeza e a gentileza das mulheres com fraqueza e submissão. Essa mesma sociedade também confundiu agressividade e machismo em homens, com força. Mas, de modo geral, os homens são mais fortes fisicamente apenas. Podemos argumentar que as mulheres são as portadoras da verdadeira força que é intelectual, emocional, espiritual e sexual. Infelizmente, devido ao estereótipo criado pela sociedade elas são programadas para não perceberem esse potencial que têm. Há séculos dizem que a mulher é o sexo frágil. No entanto, vivemos uma época em que o conhecimento é abundante e estudos já comprovaram que mulheres são, pelo menos, biologicamente e intelectualmente iguais aos homens.

No que diz respeito a relacionamento, vejo dominação mais como estado de espírito e atitude, que traço de personalidade. Somos o que pensamos ser. Muitas mulheres que conheço no convívio social são quietas, reservadas e até um tanto desleixadas, mas são parceiras dominantes no casamento. Já que trata-se de atitude, qualquer mulher pode assumir o papel de dominadora no casamento, ou em qualquer relação pessoal e/ou sexual.

Talvez devido ao jeito como, ao longo dos anos, temos sido programados pela sociedade, pensamos que de maneira geral os homens estão bem mais adiantados na realização do desejo de serem dominados pelas mulheres que as mulheres estão na realização do desejo de ser o gênero dominador. Mas atenção: isso tem mudado. Uma pesquisa nos anos noventa destacou como número um na lista de fantasias sexuais masculinas "ser sexualmente dominado por uma mulher". Minha pesquisa de agora mostra que essa é uma fantasia bastante comum entre elas. Devido às mudanças que temos visto na sociedade em que vivemos hoje, as mulheres estão mais abertas — sem trocadilhos! — e exigentes quanto a fazer sexo, digamos, mais selvagem. Como já mencionei, sexo é um dos maiores fatores que levam ao divórcio, portanto, estar disposto a experimentar novas e excitantes brincadeiras sexuais com sua parceira só poderá trazer benefícios ao seu relacionamento.

A resposta de Cristina a minha pesquisa só vem ratificar as conclusões:

"Meu marido e eu praticamos dominação feminina no quarto há algumas décadas. Nós dois acreditamos que é extremamente excitante e, claro, eu visto as roupas de fetiche, aquelas botas, cinta liga e corpete de couro, e muito mais. Tenho barras, chicotes, tiras, arreio erótico e outros brinquedos que utilizo para disciplinar meu marido e ele venera meu corpo. Mesmo depois de todos esses anos, sexo nunca foi monótono, jamais foi 'mais do mesmo'."

Para que qualquer homem ajude sua parceira a chegar onde quer no papel de *dominatrix*, precisamos ponderar sobre duas questões. Pode ser fácil compreender porque mulheres desejam dominar homens, mas porque será que tantos homens querem ser dominados por mulheres? Eu descobri a resposta para essa pergunta.

Há razões sexuais e sociais para homens terem desejos submissos em relação à mulher. Descobri que a essência natural masculina se expressa primeiro no campo sexual através de diferentes desejos sexuais. A maioria diria que tudo bem se um homem deseja estar por baixo durante a relação sexual, mas se ele deseja levar uns tapas da mulher, ou umas chicotadas, isso é perversão. No entanto, acredito que ambos esses desejos nascem da mesma essência e são apenas diferentes formas de expressar a mesma pulsão.

O fio condutor de todos esses desejos sexuais e submissos é o desejo pela amável autoridade feminina, e é isso que acredito ser a verdadeira definição de Dominação Feminina. Não é que a mulher literalmente queira dominar à força, mas ela quer dar seu amor com autoridade. É essa mesma definição que atrai as mulheres também, porque já que as elas normalmente não podem dominar fisicamente o homem, elas descobrem que a dominação sexual é bastante excitante.

Antes de começar a fazer experiências com dominação, é importante notar que não bastam as roupas para ser dominadora, a autoconfiança, o autoconhecimento e a habilidade de controlar a conversa são as ações e o resultado. Para o homem, vê-la em roupas apertadas que revelam seu corpo é uma imagem que pode provocar nele comportamentos nada adequados, por simplesmente reforçar a ideia de que é tudo dele, que ele é o centro das atenções. Em vez disso, deixe claro que nem tudo é dele e que você, o seu prazer e sua diversão estão no centro do universo. Não me entenda mal! Isso de forma alguma quer dizer que você não deve se vestir de acordo. Ao contrário! Usar roupas eróticas pode dar a você ainda mais poder quando estiver no papel da *dominatrix*, como Fernando descobriu, certa noite com Rosana.

Rosana muitas vezes, sozinha na cama, fantasiou sobre ser *dominatrix*, mas depois de encontrar Fernando e de descobrir que ele estava disposto a realizar os desejos dela, decidiu que soltaria a dominadora que, até então, estava escondida. Ela redecorou a sala de estar e deixou no centro uma única mobília: uma cadeira. Estava vestida com cinta liga de couro, botas de couro cano longo e segurava um açoite enquanto levava Fernando para o cômodo que havia preparado para aquela noite de fantasia sexual. Os dois já haviam conversado sobre o que Rosana sonhava em fazer e ele concordou com a dominação, mas obviamente não agendaram a sessão. Se você planeja dominar seu parceiro, para quê avisar quando isso vai acontecer? Comece com a surpresa; pegue-o de jeito. É assim que a brincadeira toda começa.

Rosana sentou-se na cadeira, no centro da sala. Sentada, ela começou a balançar o açoite entre as pernas. Só aquilo já deu tesão, mas disfarçou.

"Venha aqui", ela deu o comando.

"Pare", ela disse quando ele estava a quase um metro dela.

Disse para ele abrir as calças e deixar que caíssem ao chão e depois, que desse um passo adiante, andasse até ela e se abaixasse com o corpo sobre o joelho dela. Fernando se abaixou com certo desconforto, e colocou-se sobre os joelhos de Rosana. Enquanto ele encarava o chão, ela empurrava a cueca dele para baixo. Deu um tapa na nádega direita, depois na esquerda e alternadamente deu seis tapas em cada lado. A cada tapa, um gemido; e a cada gemido ela ficava mais molhada.

Rosana mandou que ele saísse dos joelhos dela e disse para ele se esticar no sofá. Fernando se jogou no sofá enquanto ela atravessava a sala até onde havia escondido os brinquedos que usaria com Fernando, naquela noite — e em muitas outras também! Ela escolheu um bastão de couro, leve e fácil de manusear, e começou a dar leves golpes na bunda de Fernando para então, gradativamente, aumentar a intensidade. Fernando gemia e ao mesmo tempo se esticava para tentar tocar em Rosana. Ela deu-lhe um tapa mais forte e disse para não fazer aquilo, porque estava no comando e diria o que fazer e quando agir.

Ela se sentia cada vez mais molhada e tinha certeza de que dava para notar, mas tentou disfarçar.

Em pé, ao lado de Fernando, olhou para baixo, enquanto ele tentava levantar a cabeça para vê-la.

"Vire a cabeça", ela disse, eu o comando, "apenas olhe para mim quando eu mandar".

Pegou o chicote e deixou que caísse lentamente sobre o pescoço e a bunda já um pouco avermelhada de Fernando. Ela o provocou dando pequenos golpes no traseiro dele até começar a gentilmente rodopiar o chicote e então açoitá-lo.

Rosana percebeu que ele se contorcia para encontrar uma posição para o membro cada vez mais duro. Ele movimentava a mão na direção do pênis, mas ela novamente o impedia de se tocar; deu um golpe com maior intensidade.

Mandou que ele se virasse, e quando ele o faz, ela o prende com algemas e disse para ele levantar e esticar os braços sobre a cabeça. Em pé sobre ele, ela admirou a nudez e a submissão de Fernando. Espanou o pênis duro com o açoite e ele deixou escapar mais um gemido, sabendo que não podia se mover e que estava sendo completamente dominado por ela, que tinha seu pau duro na mão, sem mexer. Ele começou a movimentar a cintura de forma que todo o pau se esfregasse na mão de Rosana, como se estivesse se masturbando.

"Pare, agora", ela comandou sem tirar a mão, mas colocando a outra entre as pernas dele como se fosse agarrar as bolas e apertá-las se ele não a obedecesse. "Eu digo o que vai fazer e quando vai agir", ela repetiu.

De pé, deu a volta no sofá e parou na ponta em cima da cabeça dele. Rosana abriu as pernas com as mãos nas coxas e posicionou a pélvis pra frente, na direção do rosto de Fernando. Ela percebeu que ele encarava a mancha de umidade na calcinha dela e sentiu um arrepio percorrer o corpo mais uma vez. Deixou que ele olhasse por mais alguns instantes antes de dar um passo para trás e depois mudar de posição, agora de pernas abertas sobre as coxas dele. Ela se curvou e beijou a cabeça do pau ereto sem tocá-lo com as mãos. Enquanto fez isso, olhou e o encarou nos olhos. Curtiu a deliciosa sensação do pulsar dele, nos lábios e na língua. O tempo inteiro ela o encarou nos olhos.

Rosana alcançou os mamilos de Fernando e os beliscava; ele gemia de prazer. Cada vez que ele gemia, ou murmurava, ela ficava ainda mais molhada. Mudaram de posição: ambos ficaram sentados, ela sobre o membro endurecido, sentindo-o pulsar contra a calcinha molhada. Ela começou a se movimentar com ritmo sobre ele e estremeceu toda quando teve um orgasmo. Ele gemeu ainda mais.

Rosana se afastou do sofá e de Fernando. Sentou-se na cadeira e o encarou. Depois abaixou a calcinha, abriu as pernas para que ele pudesse vê-la brincar com seu clitóris. Ele ainda tinha as mãos algemadas, acima da cabeça. Ela gemia de prazer enquanto se esfregava e gozou novamente, sob o olhar de Fernando. Rosana pegou um vibrador e mandou que Fernando olhasse diretamente nos olhos dela. Ela ligou e meteu o aparelho dentro da vagina. Não demorou muito, gozou de novo. A combinação do vibrador com o olhar de Fernando a levou a um orgasmo tal que ela dobrou as pernas.

Andou em direção a Fernando que ainda estava nu no sofá. Parada ao lado dele, abaixou-se e tirou as algemas. Ele brincou com os pelos da vagina, depois mordeu os grandes lábios, para então enfiar dois dedos nela. Ela nunca esteve tão molhada e percebia que Fernando estava muito excitado. Ele deixou sair um grande gemido de prazer quando Rosana alcançou seu pau e o esfregou com uma das mãos enquanto ele ainda tinha os dedos dentro dela.

Rosana se afastou daqueles dedos estimulantes como nunca para sentar-se novamente sobre as coxas de Fernando, mas dessa vez ela se curvou e enfiou o pau em todo seu comprimento, na boca.

Ela parou e moveu-se para cima sentando sobre o pau que agora pulsava como nunca. Enfiou o pau na vagina. Devagar, começou a balançar o quadril para frente e para trás e sentia a ponta do pênis se esfregando dentro dela. Ela começou a trotar cada vez mais rápido, a respiração de ambos ficou ofegante.

Ela parou de se mexer e ele gritou:

"Não pare! Por favor, Rosana."

"Não fale comigo assim. Eu estou no controle hoje."

Pensando em suas próprias necessidades, Rosana começou a se mover para frente e para trás, devagar, mas acelerando cada vez mais. Sem conseguir segurar por mais tempo, ambos gozaram. Foi o melhor orgasmo que já tiveram na vida, até então.

Os dois caíram cansados no sofá e Fernando brincou:

"Porra, Rosana! Você precisa de dois homens para te aguentar..."

"Hum... Isso até que pode ser bastante divertido..."

Capítulo 5

Ménage masculino

Sinta-se convidado para participar da mais prazerosa experiência sexual de sua vida.

Uma pesquisa nacional feita no Canadá, em fevereiro de 2013, pela Playtex Research Group revelou que 'três nem sempre é demais'. Milhões de canadenses — um em cada cinco adultos sexualmente ativos (22%) — disseram ter participado de um *ménage* com dois ou mais parceiros ao mesmo tempo e mais de 29% disseram que estão abertos a essa experiência.

Se pensarmos no clima gelado daquele país, pode ser que essa prática seja uma forma de aquecer e se proteger do frio. Mas não, eu penso que essa pesquisa canadense veio ratificar a minha própria e mostrar que a fantasia de realizar um *ménage*, ou seja, relação sexual entre três ou mais pessoas ao mesmo tempo, é a mais frequente na lista dos entrevistados.

Vejamos o que Virgínia, de Toronto, registrou no site:

"Participar de um *ménage* sempre foi minha fantasia. Reconheço que, como a maioria das pessoas, sempre tive muita vergonha de admitir isso para meus namorados. As pessoas, em geral, consideram essa uma fantasia sexual masculina. Não pensava em fazer com duas garotas, meu sonho era fazer com dois homens lindos e sarados, daqueles que vão à academia todos os dias e têm aquela deliciosa barriga tanquinho. Quando confessei isso a uma de minhas melhores amigas, depois de tomarmos uma garrafa de vinho — talvez tenha sido o vinho o responsável pela revelação de meu mais profundo e secreto desejo — ela sugeriu que eu contratasse dois garotos de programa que fossem 'top de linha'. No início fiquei um tanto quanto resistente, mas também queria ter a certeza de que meu primeiro *ménage* fosse perfeito, afinal, havia sido meu desejo secreto por muito tempo, então queria perder minha 'virgindade' em boa companhia.

Depois de pensar muito e levar uma série de coisas em consideração, marquei com um casal: Marcelo e João. Marcelo era do tipo que eu sempre sonhei ter como namorado. Era alto, musculoso e tinha a pele escura; seu rosto, angular e com traços bem marcantes, e acima de tudo, ele tinha uma bunda gostosa demais. João era alto e tinha as pernas compridas, os bíceps grandes e bem definidos e os cabelos, longos e louros. Os dois formavam um casal do tipo modelo, de parar o trânsito. E agora eu faria um *ménage* com eles. Estava excitada demais! Marquei depilação de corpo inteiro para sábado, à tarde, antes do encontro. Meia hora antes de eles chegarem, comecei a ficar bastante nervosa. Preparei um banho quente de espumas e acendi no quarto todas as velas perfumadas que tinha na casa. Para minha surpresa eles chegaram cinco minutos mais cedo do que o combinado. Convidei-os para entrar e servi vinho. Marcelo estava bastante casual, em jeans, camiseta branca e blazer preto. João, por sua vez, estava mais esporte em jeans e camiseta sem manga com os músculos à mostra. Levei-os para o quarto. Marcelo percebeu meu nervosismo e aproximou-se bastante gentil e me beijou no pescoço. Quando me relaxei, ele começou a tirar minhas roupas. Ele me pediu para deitar de barriga para baixo, enquanto se despia para depois deitar na cama somente de cueca. Esfregou óleo de rosas no corpo inteiro em uma massagem bastante sensual. Quando me virei, depois da massagem, João estava bem a minha frente, completamente nu. Ele tinha o corpo perfeito; qualquer mulher, daria tudo para tirar uma casquinha dele. Os maravilhosos olhos azuis daquele deus me encararam por instantes antes de ele se aproximar e começar a me beijar. Ele tinha os lábios tão macios e úmidos e a barriga tão bem definida! Levou minhas mãos até aquele pinto, o mais duro que eu já havia tocado e gemeu ao meu toque. Ah! Isso me deu o maior prazer. Enquanto eu curtia os beijos suaves de João, Marcelo começou a me chupar. Com a língua ele provocava e fazia um pouco de cócegas no meu clitóris; isso me deu frio e um arrepio, na espinha. Os dois estavam completamente voltados para mim fazendo de tudo para que meu corpo inteiro, cada centímetro de minha pele, se arrepiasse e estremecesse de prazer. No momento em que eu estava prestes a atingir o clímax, Marcelo tirou a cueca revelando seu pênis rígido. Devagar, ele me penetrou. Ele fazia com cuidado e com a certeza de que meu corpo correspondia ao seu ritmo. João abaixou-se para me beijar no pescoço e seios; chupou meus mamilos e, com a língua úmida, brincou com eles. Eu estava tendo tanto prazer que de repente o orgasmo explodiu. Gozei muito gostoso.

Marcelo e João então se sentaram perto de mim e me massagearam com as pontas dos dedos, para que eu relaxasse e me acalmasse depois da intensidade daquele orgasmo. É lógico que rolou tudo depois, ou melhor quase TUDO. Ainda não tive coragem de tentar a dupla penetração. Ainda.

Quando partiram, ambos se despediram de mim com beijos na bochecha. Fiquei super à vontade e satisfeita com aquela agradável experiência que não apenas realizou minha fantasia, mas simplesmente foi bem além de minhas expectativas. Foi meu primeiro e o mais perfeito *ménage* que eu poderia esperar ter."

A experiência de Virgínia nos mostra o quanto um *ménage* pode dar prazer. Como em qualquer experiência sexual, o primeiro passo é ter a mente aberta.

Casais curtem essa ideia de acrescentar uma mulher ou um homem na mistura. Minha pesquisa revela que a maioria das mulheres — mas nem todas — prefere pensar em adicionar outro homem à relação, enquanto homens preferem adicionar outra mulher. Talvez isso nem seja pelo fato de o homem não dar conta de ver outro macho se esfregar em sua mulher, mas muito mais pelo fato de ter medo de esse outro homem, acidentalmente, esfregar-se nele, e o que é pior, medo de gostar disso, ehehehehe. No entanto, a fim de proporcionar à mulher o que ela tanto deseja, o homem precisa ser capaz de superar essas barreiras.

O *ménage* é, talvez, a melhor das fantasias sexuais e pode também ser a que gera mais ansiedade no momento de realizá-la e muitos casais deixam de praticar o *ménage* por pura ansiedade. Pode ser que a mulher fique preocupada de gostar mais do sexo com o homem adicional que com seu próprio parceiro, ou, em muitos casos, gostar mais de fazer com a mulher adicional. Ou ainda, pode temer que seu parceiro fique interessado pela outra mulher, ou o outro homem.

Esse dilema e a ansiedade me fazem lançar uma questão:

Será que um relacionamento sobrevive ao *ménage*?

Acho muito curioso uma mulher não se preocupar com a sobrevivência de seu relacionamento a uma crise financeira, ou a uma doença grave, mas se perguntar se o relacionamento corre o risco de ser destruído por uma noite de aventura sexual. É verdade: o *ménage* é uma delícia nada convencional em nossa sociedade e essa mesma sociedade está calcada na desconfiança em relação às delícias nada convencionais — e o que parece ainda pior, está calcada na desconfiança das mulheres em relação aos homens. Fomos criados para expressar a sexualidade da maneira mais objetiva possível, já que a igreja sempre demonizou o sexo e, no passado, ninguém se importava com os desejos e necessidades eróticas das mulheres. Eu reforço a ideia de que somente agora as mulheres estão mais abertas e proativas em relação às fantasias e satisfação dos seus desejos sexuais.

Entretanto, se você realmente está pensando em fazer um *ménage*, assim como eu mencionei a necessidade de o homem superar seus receios quanto a ser tocado ou tocar outro homem, o casal terá que enxergar para além dos pensamentos retrógrados de nossa sociedade e encarar a verdade sobre seu próprio relacionamento. Minha sugestão é que antes de tudo, os dois prestem bastante atenção e entendam suas verdadeiras preocupações. Será que as dúvidas são resultado da criação tradicional que define quais comportamentos sexuais são e quais não são aceitáveis? Se a resposta for sim, então eu diria que o verdadeiro problema não é a aventura arruinar o relacionamento, mas é uma questão de dar conta, ou não, de se livrar dos registros morais tão internalizados a ponto de impedir de aproveitar a experiência. Mas lembre-se: aventuras sexuais não existem com o propósito de testar sua capacidade de tolerar a ansiedade. Ao contrário, é uma brincadeira para ser aproveitada; celebra o amor, o sexo e o erotismo. Você não tem obrigação de viver todas as fantasias que aparecem no seu caminho. Se não estiver preparado para participar por inteiro com esse espírito, talvez seja melhor adiar as coisas e deixar a fantasia esperar um pouco mais.

Talvez seja também útil se perguntar se suas preocupações existem devido a traições vividas anteriormente. Por exemplo, você ou sua parceira falharam ao cumprir com acordos e/ou compromissos? Um de vocês traiu o outro ou arriscou a relação por um breve, ou nem tão breve assim, caso? Abusaram de sua confiança em outro relacionamento? Se você, ou sua parceira, tiver qualquer razão que seja para desconfiar do outro, adicionar mais uma pessoa ao relacionamento pode mesmo ser como brincar com fogo. Da mesma forma, se o relacionamento estiver em alguma espécie de crise, e você espera que algo diferente e excitante sirva para aproximá-los, minha sugestão é deixar essa fantasia para lá. Seu relacionamento é frágil e se você algum dia tentar essa brincadeira, que pode ser bastante delicada, descobrirá que não tomou uma decisão muito inteligente. Se pensa em realizar essa fantasia, é necessário lidar com qualquer problema antes, e somente com a confiança recuperada, poderá levar em consideração a sedutora ideia de fazer um *ménage* à trois.

Se você é do tipo que tem dificuldade de dizer não, mas sabe que com as dificuldades enfrentadas no relacionamento talvez um *ménage* piore as coisas, pense na terceira pessoa. Seria justo enfiá-la no meio de sua confusão?

As respostas para minha pesquisa dizem que as mulheres têm algumas dúvidas com relação ao *ménage*. As mais comuns são se a terceira pessoa será homem ou mulher, se a intenção é a mulher ter uma relação lésbica, ou o marido ver duas mulheres. Se a proposta é a mulher ter dois homens para satisfazê-la. Se a terceira pessoa deve ser alguém que um dos parceiros conhece, ou se deve ser alguém totalmente desconhecido para ambos.

Bem, digamos que você já resolveu todas suas questões e superou os obstáculos. Agora você e parceira estão preparados para realizar a fantasia.

Então, vamos nessa?

Eu preparei algumas dicas que irão ajudar você a aproveitar ao máximo a aventura em que está prestes a entrar.

Como disse anteriormente, escolha com cuidado a terceira pessoa. Se querem uma experiência única do tipo "uma noite e nada mais", escolher alguém com quem vocês já têm algum tipo de relação seria cair numa armadilha. Vocês todos teriam que estar muito preparados para, depois de tudo, processar a situação. Uma experiência sexual intensa com um amigo pode atrapalhar a amizade. No entanto, se os três tiverem a mesma opinião acerca de o que significa uma experiência sexual, muito provavelmente nada mudará na amizade entre vocês. As pessoas envolvidas devem ser muito claras com relação às expectativas; não pode haver segredo e os três precisam estar dispostos a falar abertamente sobre qualquer sentimento que possa surgir após o sexo. Deve haver confiança entre os três para que sejam claros sobre o que querem, para que digam exatamente o que querem dizer.

A primeira vez em um *ménage* costuma ser mais bem aproveitada com alguém que está à procura de uma única experiência e não uma amizade duradoura. Se souber de algum clube ou festa de *swing*, minha sugestão é que vá até lá, já que os frequentadores estão sempre dispostos a encontros fugazes.

Mas admito: clubes e festas de *swing* não são lá grandes atrativos para qualquer um, portanto, se você é do tipo mais na sua, gosta de atividades privativas e de prazeres mais controlados, então é melhor tentar encontrar alguém nos classificados. Dessa forma é possível também encontrar antes da festa, tomar um café e conhecer a pessoa para ver se rola aquela química, os mesmos desejos e checar se os padrões são semelhantes.

Pode ser que você já saiba de alguém que certamente toparia entrar na brincadeira, mas fique atento às observações anteriores. Entretanto, escolher uma pessoa que você já conhece pode ter benefícios tais como saber como é a personalidade dela, conhecer os desejos e padrões, inclusive os padrões de higiene.

Todas as respostas a minha pesquisa falam de estabelecer regras antes de iniciar a brincadeira.

Você, sua parceira e a terceira pessoa escolhida devem determinar os limites de desejos e discutir quais de tantas brincadeiras eróticas todos estariam dispostos e se sentiriam confortáveis para realizar. Acordar desde os menores detalhes, como beijar, até o sexo com penetração, nesse momento, faz a experiência ficar ainda melhor, já que cada um saberá até onde ir.

Se você, mulher, está em um relacionamento com um homem e é bissexual, ou apenas curiosa, seja honesta com você mesma e com os outros sobre esse encontro ser, sobretudo, uma experiência lésbica sua. Se pretende fazer do *ménage* seu show, deixe isso claro e tenha certeza de que seu parceiro a apoia. Se você tem seus interesses particulares, é melhor que conversem sobre as visões de cada um a respeito de o que é um *ménage* perfeito. A vida real nem sempre faz as coisas com perfeição, mas começar preparando o meio de campo já é um grande começo. Falar de antemão sobre a fantasia ajuda a evitar tropeços, surpresas indesejáveis, ou a descoberta de que estão tentando fazer algo funcionar a partir de duas, quiçá três, formas totalmente diferentes de levar a brincadeira.

As pesquisas mostram: diferentes mulheres esperam coisas diferentes de um *ménage*, dessa forma, quanto mais regras forem estabelecidas às claras, com relação ao que pode e o que não pode ser feito no sexo, melhor. Ao responderem à pergunta acerca de o que esperam de um *ménage*, as mulheres não deixaram dúvidas, elas precisam que as regras e os interesses de cada um sejam estabelecidos de antemão.

"Quero fazer sexo, com tudo o que tenho direito, com dois homens ou mulheres."

"Quero dois homens para me comerem ao mesmo tempo, um na minha bunda, outro na minha boceta."

"Quero ser chupada por dois homens ao mesmo tempo, um no meu clitóris, outro nos meus seios."

"Quero fazer sexo com outra mulher enquanto meu marido assiste e se masturba."

Se determinadas atividades sexuais, ou assistir a sua parceira bem entrosada em uma relação não for tranquilo para você, deixe isso bem claro antes de começarem, porque quando a energia sexual estiver em alta, ninguém vai querer parar e discutir o que pode e o que não pode ser feito, e se vocês não forem explícitos desde o começo, será inútil jogar a culpa na outra pessoa que falhou em ler sua mente. A pessoa convidada também precisa saber das regras e, de repente, também terá algumas coisas a deixar claro, afinal de contas, não é um brinquedo de controle-remoto que está disponível para lhe servir e realizar suas fantasias. Aliás, às vezes é ótimo quando se descobre que a terceira pessoa é uma pessoa de verdade, com emoções e desejos próprios. Uma mulher citou na minha pesquisa que se sentiu extremamente culpada, depois de seu primeiro *ménage*, quando, ao se despedir da mulher que acabara de abalar Ipanema, de sacudir o seu mundo, ela precisou admitir ter esquecido o nome dela.

Assim como no *bondage*, o uso de códigos, palavras ou sinais previamente combinados são importantes; em qualquer momento, qualquer indivíduo pode se manifestar caso se sinta desconfortável, e então a atividade em questão deve ser suspensa. É terrível ter que contar que várias vezes um parceiro culpa o outro por uma experiência não muito gostosa, ou até, por vezes, dolorosa, dizendo algo como "não usei nosso código porque não quis estragar seu prazer." Se vocês têm um código, utilize-o. Ele serve para todos. Não usá-lo somente trará problemas e usá-lo levará a mais prazer e diversão em outra oportunidade, já que vocês terão estabelecido confiança e serão sinceros com os sentimentos e instintos dos três. Mas é claro, não vale apenas dizer o código, todos precisam respeitá-lo quando ele entrar em cena.

Por fim, preciso dizer que você deve se lembrar de que toda aventura sexual tem seus momentos sublimes e os ridículos, os elegantes e os desastrados, os mais fáceis e os um tanto quanto estranhos, tem os gentis e os fogosos, mas quando tudo começa na base da confiança, sobretudo a confiança em si mesmo de que saberá lidar com o inesperado, posso dizer que, na pior das hipóteses, sua experiência será educativa, e na melhor, será uma grande euforia, tal como foi com Rosana e Fernando.

Rosana sorriu ao se lembrar de que uma das razões que a fizeram ficar tão ligada em Fernando desde o primeiro encontro foi a atenção dele, aliada à seriedade.

Estavam os dois se arrumando, no quarto de um hotel, para uma noite fora — e dentro — com Marcos. Foi Fernando quem lançou a ideia de um *ménage*, depois que notou o entusiasmo de Rosana quando ele disse que ela precisaria de dois homens para satisfazê-la. Eles conversaram sobre o assunto várias vezes e decidiram colocar a fantasia em prática.

Marcos era uma pessoa que ambos conheciam bem, mas que não era assim tão próximo, de forma que a probabilidade de ocorrer qualquer "estranhamento pós-*ménage*" seria mínima.

Enquanto ajudava Rosana a se preparar para a noite, Fernando teve muito prazer em raspar os pelos da vagina, axilas e pernas. Antes de ela se vestir, ele a massageou com um hidratante que deixou a pele resplandecente, e enquanto fazia isso, Rosana notou que ele ficou um tanto quanto animadinho, com o pau duro, do jeito que ela gostava. Ele se afastou um pouco e ficou a admirar o corpo dela enquanto ela arrumava os cabelos, vestia a calcinha de renda preta e o sutiã. Rosana colocou o vestido e olhou para Fernando como se pedisse aprovação, ele sorriu, depois de fazer um pequeno ajuste no vestido: desabotoou dois botões do decote para expor um pouco mais o colo e abriu um pouco mais na coxa para que ela mostrasse, ao andar, um pouco da renda preta de sua lingerie.

Rosana beijou Fernando e segurou firme no pau dele, duro de tesão e o elogiou pela escolha da camisa azul claro com as calças azul marinho.

Fernando sorriu: "você está uma delícia, gostosa demais, super sensual; aliás, você é linda, sempre, e eu tenho o maior tesão por você."

Rosana olhou nos olhos dele: "você tem certeza de que está 100% à vontade com os planos para hoje à noite? Quero que a noite seja divertida para nós dois."

Ele balançou a cabeça concordando com ela e respondeu "sei que já falamos muito sobre *ménage*, mas tudo o que fizemos até agora foi conversar sobre o assunto, se, em qualquer momento, você sentir que algo não está certo, você me fala?"

Fernando beijou Rosana que disse "sim, eu estou ligada que nós dois estamos dando um passo a mais no relacionamento e estamos fazendo isso juntos; ou seja, a palavra chave aqui é 'juntos'. Pode deixar que vou falar o que estiver pensando, principalmente se me sentir de qualquer maneira desconfortável, ou se pensar que a coisa não está indo bem. Eu mais que te amo Fernando."

Eles chegaram ao restaurante e Marcos os recebeu na entrada. Cumprimentou Fernando com um aperto de mão, "boa noite, Fernando"; e aproximou-se de Rosana para beijá-la na bochecha, "boa noite, Rosana, você está estonteante."

O maître os levou a uma mesa com vista para a cidade. O garçom veio atendê-los. Fernando fez o pedido para os dois, Marcos fez o dele; em seguida, os homens começaram a falar de trabalho. Rosana olhou ao redor e se ateve a admirar a vista.

Fernando pediu drinques e antes que fossem servidos, Rosana levantou-se para ir ao banheiro. Ao retornar à mesa não teve dúvidas, aquela seria uma noite e tanto, os dois homens estavam super engajados na conversa. Mas também percebeu que ambos a acompanharam enquanto se aproximava da mesa; isso deu o maior tesão quando pensou que eles provavelmente podiam ver a renda preta de sua calcinha.

Quando chegou à mesa, os dois se levantaram para puxar a cadeira para ela se sentar. Marcos, com muita classe, deu espaço para Fernando fazer as honras. Quando se sentou, ela sentiu os dedos de Fernando alisarem suas coxas e soube que ele queria provocá-la. Isso também fez com que relaxasse sabendo que ele estava à vontade com a situação. Começaram a trocar comentários acerca da paisagem, do clima e outras coisas amenas. Quando Fernando levou o pé à coxa de Rosana, praticamente engasgou com a descoberta de que ela já não estava usando calcinha. Ela olhou para ele, estremeceu e murmurou "Isso mesmo!".

Ele balançou a cabeça mostrando que gostou daquilo.

A comida estava deliciosa e os drinques relaxantes.

Marcos perguntou se queriam mais uma rodada.

Rosana olhou para Fernando em busca da aprovação e teve certeza: "que tal um ambiente mais privativo?"

Tanto Fernando quanto Marcos levantaram imediatamente.

Rosana ficou muito excitada com o entusiasmo dos dois. Todos se olharam por alguns instantes e de repente caíram na risada, um pouco tensos, já que era a primeira vez para os três.

Ela decidiu assumir o controle e quebrou o gelo "agora que já superamos o nervosismo, que tal dar início aos trabalhos e fazer sexo dos bons? Estou com necessidade de ter dois pintos da melhor qualidade todinhos pra mim." Ela saiu na frente, chamou o elevador e os três desceram para o quarto.

Rosana andou na frente rebolando muito sedutora, e onde antes aparecia a renda da calcinha, agora um pouco do traseiro estava à mostra. Com tanta excitação, ela começou a acelerar o passo e esperou por eles na porta do quarto. Lá dentro, quando a porta fechou, ela deixou o vestido escorregar pelo corpo ainda reluzente e cair ao chão. Em seguida, tirou o sutiã, sempre com movimentos provocativos, se esfregando e depois alisando os mamilos até que ambos estivessem com o pênis ereto. Ela atravessou o quarto com os dois homens atrás. Estava apenas de salto alto e um colar de corrente prateada, além do sorriso. Sentou-se na cama.

Rosana cruzou as pernas e fez sinal para que ambos os homens tirassem as roupas. Ela estava bastante animada, pelada em frente aos dois homens e perguntou "vocês, afinal, sabem o que fazer com uma mulher pelada?"

Marcos olhou para Fernando e respondeu "eu beijaria os deliciosos lábios dessa mulher."

Rosana se sentiu um tanto quanto safada quando abriu as pernas e perguntou "de que lábios você está falando?"

Ela lambeu a boca quando percebeu que ambos estavam com o pinto bem duro e bem ali, na sua frente. Ela acenou para que eles se aproximassem e então esticou os braços para tocar nos dois. Ela olhou nos olhos de Fernando e ele piscou como se dissesse "está tudo indo bem, aproveite".

Rosana sentia que estava ficando bastante molhada, isso quando pegou um pau em cada mão e se deu conta de que aquilo, por certo, era a fantasia de muita garota sacana. Ela se ajoelhou para lamber um, depois o outro e os provocou enquanto massageava os dois paus. Marcos começou a escorrer e Rosana olhou nos olhos dele enquanto lambia aquele líquido, e sentia o corpo estremecer por dentro.

Ela olhou para Fernando e percebeu que ele aprovava o que acontecia. Ela se sentou confiante, com muito tesão e muita vontade de seguir em frente com a brincadeira; pediu a ele para buscar o lubrificante. "Preciso de vocês dois dentro de mim."

Enquanto Fernando atravessou o quarto para pegar o gel, ela se deitou na cama, abriu as pernas e acenou para Marcos. "Vem, lambe minha boceta", ela pediu e sentiu o corpo todo estremecer novamente quando ele atendeu ao pedido.

Quando Fernando voltou com o lubrificante, ela pediu que Marcos deitasse com a cabeça nos pés da cama para que ela se sentasse sobre o rosto dele. Enquanto rebolava, pediu para Fernando espalhar gel e meter um dedo na bunda dela. "Agora, quero que você meta no meu cu esse seu pau duro e que Marcos brinque com a língua no meu grelinho."

Marcos rapidamente se ajeitou na cama de forma que acomodasse as pernas abertas de Rosana para lamber os grandes lábios e brincar com o clitóris, como ela queria.

Fernando lubrificou Rosana e a provocou com o dedo, sem penetrar o ânus, por alguns segundos. Isso a fez movimentar a bunda para trás de forma que ele finalmente enfiasse o dedo nela. Marcos o tempo inteiro massageava, lambia e beijava o clitóris dela. Rosana mordeu o lábio inferior e gemeu por puro prazer, quando gozou. Os joelhos dobraram e ela caiu sobre o rosto de Marcos enquanto ele mordia, de leve, o clitóris dela.

Rosana sentou-se e pediu que Marcos se posicionasse na cabeceira da cama, alinhado com o rosto dela. Pediu para Fernando lubrificá-la mais no traseiro, ela queria o pau dentro dela. Rosana abriu bem as pernas já prevendo Fernando completamente dentro dela. Gemeu novamente. Ele sentia o aperto do ânus. Colocou as mãos na cintura de Rosana e lentamente começou um movimento ritmado que era prazeroso para ele; ela o acompanhou enquanto masturbava Marcos. A respiração de Fernando ficava cada vez mais ofegante, comer a bunda de Rosana dava muito tesão. Para ela, aquilo era incrível. Intenso. O ritmo aumentou quando Fernando meteu ainda mais fundo e quase gozou dentro dela.

Rosana chupava o pau de Marcos sem parar de masturbá-lo. Ele explodiu num maravilhoso orgasmo dentro da boca e inundando a garganta dela. Quase ao mesmo tempo, Fernando acelerou o ritmo, avisando que estava a ponto de gozar. Rosana levantou a bunda gulosa, pediu para socar e colocar tudo. Ele gozou e seu pau inundou o ânus de Rosana. Ela gritou. Gozou tão gostoso, de um jeito que jamais imaginou ser possível. A própria intensidade do prazer que ela sentiu com o orgasmo fez o corpo dela tremer e ela se jogar na cama num estado de total êxtase. Ela olhou dentro dos olhos de Fernando e sorriu. Ele estava sorrindo para ela.

Ela se levantou e foi tomar um rápido banho — rápido, porque estava doida para voltar para a cama e continuar de onde parou.

Dessa vez pediu que Fernando se deitasse, já que queria ser fodida por Marcos. Ela saboreou a porra dele, mas agora queria que ele inundasse sua boceta enquanto saboreasse Fernando.

Fernando deitou-se e por alguns instantes ela admirou o corpo bronzeado e reluzente do parceiro. Ele bateu no peito e sinalizou para ela se aproximar e montar nele. Enquanto se ajeitava, ela se curvou e sussurrou no ouvido dele "eu te amo", então se levantou e pediu que Marcos metesse nela e gozasse dentro até transbordar em cima do rosto de Fernando.

Rosana arqueou a bunda enquanto Marcos, novamente duro, meteu nela. Ao mesmo tempo, ela sentia as lambidas de Fernando e estremeceu quando se deu conta que a língua de Fernando as vezes encostava no pau de Marcos enquanto ele a fodia. Aquilo era o paraíso; ela tinha dois garanhões todinhos para ela, e eles comiam e lambiam muito gostoso.

A língua de Fernando tinha uma intensidade incrível, enquanto Marcos metia com o ritmo cada vez mais forte. Ela sentiu os dedos de Fernando apertarem suas coxas enquanto ele lambia e brincava com seu clitóris.

Sentia Marcos meter cada vez mais forte até que ele soltou um rosnado alto e derramou tudo dentro da boceta dela. Rapidamente Rosana virou-se e gozou com Fernando em um 69 inesquecível, e disse " queria comparar o gosto da seiva dos meus dois machos".

Os três caíram na cama. Ficaram por alguns instantes tentando recuperar o fôlego e aproveitando o entorpecimento daquele maravilhoso sexo e do prazer que acabaram de experimentar.

"Quem disse 'três é demais' estava muito equivocado." Rosana pensou enquanto já planejava o próximo *ménage*, dessa vez com uma mulher, para mostrar a Fernando que se importava com ele — claro, ela também queria experimentar, pela primeira vez, sexo com uma mulher.

CAPÍTULO 6

Ménage feminino

Acabamos de falar sobre o *ménage* masculino, ou seja, dois homens e uma mulher, do ponto de vista de uma mulher e de seus desejos. A variação possível para esse tipo de *ménage* é com a participação de um homem e duas mulheres: o *ménage* feminino.

Descubra agora outras formas de ter uma experiência sexual inesquecível.

Apesar de a maioria provavelmente pensar que o homem é quem deseja as duas mulheres, minhas pesquisas sugerem que esse nem sempre é o caso. Todas as pesquisas que abordam a questão nos levam a concluir, com segurança, que praticamente toda adolescente, pelo menos uma vez, já teve curiosidade sobre sexo lésbico. A maioria das jovens fica só na curiosidade, mas é normal ter vontade de experimentar e também é normal agir sobre essa vontade.

Muitas mulheres aproveitam o *ménage* para satisfazer essa curiosidade e para incrementar suas experiências e descobertas sexuais. Assim como no *ménage* masculino, no feminino também é necessário estabelecer regras antes da brincadeira começar.

Uma tímida mulher que preferiu ficar no anonimato narrou sua experiência ao participar de minha pesquisa:

"Encontrei uma mulher para fazer um *ménage* feminino comigo e meu marido. Nós duas fomos a um motel — escolhi um que tivesse banheira de hidromassagem. Meu marido chegaria um pouco mais tarde. Enchi a banheira e, um tanto quanto nervosa, entrei. Ela imediatamente se juntou a mim e começou a chupar meus mamilos e a movimentar o corpo entre minhas pernas. Assumindo o controle da situação, ela me pediu que sentasse na beira da banheira e então abriu minhas pernas e começou a me lamber, chupar e meter o dedo. Eu estava bem molhada — e não era porque estava na banheira! Nossa... Na hora pensei que aquele era o melhor sexo oral da minha vida. Ela então meteu o dedo no meu cu também e eu gozei. Depois disso, tomamos uma chuveirada e logo meu marido chegou.

A brincadeira começou bem lentamente. Beijos... Esfregação... Dedos aqui e ali...

Já animada pelo banho de banheira, língua e dedos, pensei que seria bom que eu começasse logo. Fiquei no meio das pernas dela, lambi e chupei a boceta, depois meti um dedo. Ela deve ter gostado, porque me segurou apertado pela cabeça e começou a gemer. Isso enquanto meu marido me comia por trás e aproveitava aquele show.

Os três gozaram ao mesmo tempo. Descansamos. Fumei um cigarro enquanto eles tomavam um drinque. Meu marido então começou a chupar os mamilos dela e ela começou a rebolar para ele. Ele a jogou na cama e montou nela por trás. Minha boceta parecia ter pegado fogo, estava derretendo; eu estava super molhada. O prazer foi extremo ao assistir meu marido foder outra mulher, foi um dos pontos altos do *ménage*. Fizemos ainda muito mais sexo.

Enquanto meu marido e eu voltávamos para casa, eu só conseguia pensar que aquilo precisaria se repetir, sem dúvida.

Ou talvez, da próxima vez, eu fique apenas assistindo e aproveitando a cena."

Como o relato nos mostra, ver o marido com outra mulher deu a ela muito prazer, assim como a experiência do sexo lésbico. Um *ménage* pode ter diferentes significados para diferentes pessoas.

Por que uma mulher deseja fazer sexo com outra mulher? Não conseguiremos responder à essa pergunta apenas com pesquisas. Mas testemunhos nos ajudam a entender melhor. Eis a minha conclusão:

Carmen respondeu que não precisa de sexo com penetração, com homem, para atingir orgasmo. Ela argumenta que a maioria das mulheres tem um orgasmo mais gostoso com sexo oral, dedos e brinquedos.

Francisca escreveu que apenas pode responder por ela, mas pensa que o corpo nu de uma mulher é muito mais sensual que o do homem.

Adriana expressou algo semelhante e avançou na teoria. Para ela, uma mulher sabe o que a outra mulher quer e do que ela gosta, quando o assunto é sexo. Para ela, uma mulher é melhor para lamber o clitóris que um homem, e o orgasmo é bem mais gostoso.

Carina escreveu que onde cresceu, as regras eram muito rígidas, sobretudo no que dizia respeito a sexo, um grande tabu, sexo lésbico então... Ninguém falava nesse assunto. Ela sempre ficou curiosa para saber por quê.

Marcela experimentou sexo com mulher em um *ménage* que topou fazer para agradar ao marido. No final das contas, ela foi quem mais curtiu a experiência.

Vimos então que há várias razões para uma mulher querer experimentar sexo lésbico. Um *ménage* é uma ótima oportunidade para qualquer mulher fazer essa experiência, já que, normalmente, envolve o parceiro e, na pior das hipóteses, acaba por ser educativo. Na melhor das hipóteses, a mulher descobre que é a melhor coisa que poderia fazer, como foi o caso de Rosana.

Apenas uma semana após o *ménage* com Marcos, Rosana e Fernando voltaram ao mesmo hotel, mas com Helena, que havia concordado em participar da brincadeira e já estava completamente por dentro das regras.

Desde quando estiveram com Marcos naquele quarto, Rosana tinha fantasias com outra mulher. Ela tentava imaginar a sensação de beijar outra mulher e passar as mãos pelas pernas macias até chegar à vagina. Também tentava imaginar como seria a sensação de ter uma mulher fazendo o mesmo com ela. Rosana não se via como lésbica, aquilo seria apenas uma experiência divertida, mas estava bem satisfeita por ter sentido tesão por Helena e seus longos e ondulados cabelos louros, o rosto um pouco alongado enfeitado por um par de olhos bem azuis e lábios cor-de-rosa. Só de olhar, Rosana já sentiu um frio na espinha.

Quando os três entraram no quarto, assim como na semana anterior, Rosana tomou o controle da situação e disse a Fernando que se sentasse na cadeira, em frente à cama. Rosana levou Helena para cama e não demorou nem um segundo para as duas já estarem nos braços uma da outra e se beijando intensamente na boca. Aqueles lábios realmente eram tudo o que Rosana havia imaginado: macios, suaves, deliciosos. Com delicadeza, ela chupou o lábio inferior de Helena que colocou a língua dentro da boca de Rosana, ela sentiu um frio correr-lhe a espinha e um calor que ao mesmo tempo percorria o corpo. Respondeu enfiando a língua na boca de Helena. As duas tremeram, gemeram e compartilharam aquele momento de êxtase erótico.

Rosana notou que o beijo daquela mulher era muito diferente do beijo de qualquer homem; era macio e a língua parecia um veludo.

Ela espiou Fernando e viu que ele tirou o jeans e começou a se masturbar. Rosana levou a mão para dentro da blusa de Helena e, pela primeira vez na vida, começou a brincar com os mamilos de outra mulher. Ela esfregava, beliscava, e acariciava, da forma como gostaria que os dela fossem esfregados, beliscados e acariciados. Sentiu a respiração quente de Helena penetrar sua boca ainda durante o delicioso beijo de língua.

Helena se afastou um pouco, ofegante, e tirou a blusa. Sinalizou para Rosana continuar, agora as duas deitadas, juntas, na cama, numa posição que permitia a Fernando assistir a tudo o que elas faziam. Olhavam uma para a outra e se beijavam. O beijo ficou ainda mais ardente quando elas começaram a acariciar a boceta uma da outra por sobre a calcinha já encharcada.

Rosana olhou para Fernando; ele se masturbava com o pinto tão duro que ela não se lembrava de tê-lo visto assim antes. Isso deu a ela vontade de fazer ainda mais, de ir além; pediu para ele se juntar a elas. Rosana escancarou as pernas de Helena e tirou a calcinha dela. Fernando tirou a calcinha de Rosana; ela ficou pelada, em cima de Helena. As duas bocetas se tocavam e outro arrepio correu o corpo de Rosana quando Helena começou a lhe meter o dedo. Ela estava desesperada de vontade de experimentar uma boceta pela primeira vez, mas antes de conseguir fazer isso, sentiu Fernando se posicionar e meter o pau nela, por trás. Ela gozou.

Helena se posicionou de forma que seu rosto ficasse entre as pernas de Rosana que se abaixou para alcançar a boceta encharcada de Helena.

Uma lambia o clitóris da outra e Fernando metia em Rosana.

Ambas gemeram ao gozar.

Fernando parou, saiu de Rosana e se posicionou em frente ao rosto dela para senti-la chupar o pau. Helena continuou a lamber a boceta de Rosana num 69 que julgou ser o melhor de toda sua vida.

Rosana queria a boceta de Helena mais uma vez. Pediu para Fernando foder a outra mulher.

Dessa vez Rosana estava deitada na cama com o rosto de Helena no meio de suas pernas enquanto ela tinha o rosto entre as pernas de Helena. Fernando fodia Helena por trás. Uma sentia a outra lamber fundo a boceta. Rosana tremeu quando sentiu na boca o caldo de Helena misturado com o de Fernando que tremeu e gemeu quando inundou Helena e uma parte escorreu pela sua boca e rosto.

Rosana ficou completamente exausta, assim como Fernando e Helena, que se jogaram ao lado dela na cama. Estava louca com aquela experiência do melhor sexo que já fez na vida, até aquele dia. Nunca tinha sentido tanto tesão e ainda pensava na melhor parte: quando Fernando assistia às duas na cama.

Ela gostou muito de se exibir e começou a imaginar como seria fazer sexo com Fernando enquanto outras pessoas assistiam.

Capítulo 7

Exibicionismo

Revelar, expor, o que nunca antes foi visto — bem, isso se você já não for exibicionista!

Segundo os dicionários, exibicionismo é comportamento não aceitável para atrair atenção, ou ainda, é o prazer em mostrar a genitália em público.

Nenhuma dessas definições é o que um exibicionista sexual diria. E quanto a "mostrar a genitália em público", isso é ilegal, considerado atentado ao pudor.

Um estudo conduzido na Inglaterra por ukmedix.com e divulgado no "Daily Mail", em maio de 2013, questionou 2.010 adultos por toda a Inglaterra e mostrou que 26% deles assumiram serem exibicionistas sexuais. Desses, 79% disseram que mantinham em segredo seu exibicionismo. De cara dá para estranhar todo esse segredo, já que estamos falando de se exibir.

Ao serem perguntados como agiam em seu exibicionismo, a mais frequente resposta, de 56% dos participantes, foi "fazendo sexo em público".

Um em cada três participantes disse que "grita de propósito" na hora do sexo, um em cada dez admitiu participar de sexo grupal.

Quando perguntados se alguma vez foram pegos em flagrante, 62% dos exibicionistas confessos disseram que sim e desses, 13% disseram que foram pegos por alguém da família.

Dois terços dos entrevistados disseram que era um prazer manter o exibicionismo em segredo e 19% deles gostam da ideia de serem flagrados.

Minha pesquisa confirma que fazer sexo enquanto outras pessoas assistem é a fantasia número um de muitas mulheres. Seja ao fazer sexo com o parceiro enquanto outra pessoa assiste, seja ao fazer sexo com outra pessoa enquanto o parceiro assiste, ou ainda, se masturbar enquanto outra pessoa assiste, a fantasia de ter alguém assistindo é muito comum.

Uma das respostas à pesquisa define exibicionismo assim:

"Por que, em sua opinião, compramos sutiã 'mágico' e salto alto? Certamente não é pelo conforto, mas sim porque no fundo esperamos que você nos olhe e, mais ainda, que aprecie o esforço. O mesmo acontece no sexo exibicionista. Quando nos expomos, esperamos que alguém, em algum lugar, aprecie o show."

O exibicionismo não ameaçador pode acontecer de várias formas no contexto de um grupo em que todos estão envolvidos com o mesmo desejo de se expor. As atividades podem ser nadar em grupo, todos pelados, em piscina, fontes de água natural, ou banheiras; frequentar festas de *swing* ou participar de orgias.

Várias respostas de mulheres confirmaram que a fantasia exibicionista muitas vezes assume papel central e pode envolver diferentes situações, para diferentes mulheres.

Carina respondeu que pensar em fazer sexo e ser o centro das atenções de espectadores a fazia ter fantasias com festas de *swing*, ou orgias.

A pesquisa comprova que isso é uma fantasia bastante comum e, provavelmente, pode se explicar pelo fato de o sujeito que fantasia toma o controle da situação e por ser em ambiente onde todos os participantes sabem o que está rolando e estão ali pelo mesmo motivo — ou motivo semelhante, no caso do *voyeur*.

Adriana fantasia com sexo em locais públicos como praias, elevadores, estacionamentos, varanda de hotel, piscina, banheiro público. Isso também é comum e, em geral, é devido ao "perigo". A possibilidade de "ser pego em flagrante" aumenta a adrenalina e intensifica o tesão. Mas é preciso ressaltar que, se esse tipo de fantasia for colocada em prática, deve-se tomar o máximo de cuidado para não ser flagrado, já que, na maioria das situações, é ilegal, pelo menos no Brasil.

Desde que não se coloque em situação complicada, nada há de errado em ser um pouco exibicionista. Apenas tenha certeza de que sua companhia sente o mesmo e de que não estão fazendo algo ilegal — você sabe, às vezes a excitação não vale o peso da repercussão.

Rosana e Fernando tinham as mesmas fantasias exibicionistas e estavam a fim de colocá-las em práticas. Frequentemente falavam sobre os diferentes cenários possíveis e tinham as mesmas vontades. Descobriram um bar de *swing* onde achavam que poderiam se sentir à vontade para colocar os desejos exibicionistas em prática. Foi num fim de semana, à noite, que se viram em um "Swingers Club".

Rosana estava sentada em um banco de bar com as pernas cruzadas, com uma minissaia preta, sem sutiã, sem calcinha e calçando um belo par de saltos altos. Apesar de não ter contado a Fernando, ele não demorou a perceber a falta da calcinha — se é que podemos falar em falta. Ao se sentarem, Fernando colocou a mão sobre a coxa de Rosana e subiu até que seu dedo tocasse a preciosidade dela. Ela descruzou as pernas e olhou bem nos olhos dele; ele gemeu.

Enquanto se acostumavam com o clima do bar e as poucas luzes, eles observavam ao redor alguns casais se pegando nos cantos, alguém com uma moça rebolando no colo e pessoas assistiam àquele momento, para relaxar. Os dois ficaram com muito tesão só de olhar os casais.

Rosana pega a mão de Fernando e ambos foram para a pista de dança onde se abraçaram e entraram no clima, enquanto tantas outras pessoas também dançavam, esfregavam-se e esbarravam umas nas outras, com muita sensualidade. Algumas vezes Rosana sentia outros homens lhe tocarem com o pinto, e ao colar seu corpo em Fernando, sentia que ele também estava bastante excitado.

Depois de um tempo, Fernando levou Rosana para o sofá, no canto da sala. Ele sussurrou "quero te comer, no sofá", e assim ele faz. Eles notaram outros casais fazendo sexo enquanto grupos de pessoas os assistiam e Rosana ficou com muito tesão só de pensar que ela também seria observada.

Quando se sentaram naquele sofá, Fernando começou a beijá-la com muita intensidade, metendo a língua fundo na boca de Rosana enquanto a mão ele passava por todo o corpo dela. Nos seios ele acariciava os mamilos intercalando movimentos delicados e outros nem tanto. Rosana mordeu os lábios quando subiu no colo de Fernando e ele enfiou a mão por baixo da saia dela para brincar com a boceta que já estava encharcada. Ela apertou os quadris contra ele e sentiu o pau de Fernando duro, quase estourando o jeans. Nesse momento, ela, com muito tesão, observou ao seu redor os casais que se aproximavam para assistir a cada movimento seu. O tesão dela ficava cada vez maior.

Fernando desabotoou a blusa de Rosana e revelou os seios nus com os mamilos rígidos. Ele começou a beijá-los e a lambê-los em círculos e a mordiscar cada um, alternadamente, mantendo-os duros. A saia dela estava levantada até a cintura e expunha a boceta, também nua, e ela rebolando em cima do pinto duro de Fernando.

"Que tesão!" Fernando suspira.

Rosana desabotoou a camisa dele e depois os jeans. Ela levantou um pouco os quadris para Fernando descer as calças.

Nesse momento, ambos notaram que um grupo de pessoas começou a se juntar ao redor deles para assistir ao que faziam. Dentre os espectadores, dois casais já estavam curtindo a cena: a mulher, nua, masturbando o homem. Rosana viu olhos focados em sua boceta, ela sentiu muito tesão e ficou ainda mais molhada.

Começou então a movimentar-se sobre a cabeça do pau de Fernando. Ele tentou a penetração. Mas ela evitou, para aproveitar ainda mais o momento. Quando percebeu mais três casais ao redor, os três numa deliciosa suruba enquanto a observavam brincar com o pau de Fernando, ela ficou com mais tesão ainda. Um dos casais foi para o sofá em frente e começou a fazer um meia nove. Aquela cena fez Rosana gozar. Ela olhou nos olhos dele e para os espectadores a sua volta e sorriu.

Fernando a encarou e disse "Agora, eu vou te foder."

Ele jogou Rosana no sofá, trocando de posição com ela. Agora ele estava montado nela e ela jogada com as pernas abertas. Os olhares que observavam os dois deixaram Rosana cada vez mais excitada. Fernando se abaixou para beijar a barriga dela, subiu lambendo Rosana até chegar aos seios. Chupou-os com muita sede enquanto ela levantava os quadris tentando alcançar o pau dele para senti-lo duro, dentro dela. Ele se ajoelhou entre as pernas abertas de Rosana e esfregou a cabeça do pau na entrada da boceta. Forçou um pouco e sentiu seu pau escorregar para dentro enquanto ela gemia de tesão e levantava os quadris para ele entrar cada vez mais.

Escutaram uma das mulheres que assistiam: "vai! Come essa mulher!"

Fernando gemeu e seu pau sumiu dentro de Rosana. Ele olhou para ela e sussurrou "meu deus, você é gostosa pra caralho!"

Eles notaram que vários casais já estavam ao redor e se tocavam com muito tesão. O outro casal continuava transando no sofá da frente.

Fernando continuou metendo em Rosana, cada vez mais forte. Ele beijou e chupou os mamilos dela. Ela gemeu de prazer.

Rosana levantou os quadris para sentir o pau ainda mais fundo nela, jogou a cabeça para trás para ver os casais que os assistiam. Nesse momento, um homem se aproximou brincando com o pinto, e se masturbou sobre o rosto de Rosana, enquanto sua parceira se esfregava nele e enfiava nela mesma um vibrador.

Assistir a isso deu ainda mais tesão em Rosana. Ela olhou para o homem, olhou para Fernando e ele sussurrou para ela "vai nessa!"

Alcançou o pau do homem e começou a esfregá-lo no mesmo ritmo de Fernando, que nesse momento levantava os quadris de Rosana, metia fundo e massageava o clitóris dela. Todos no mesmo ritmo.

De repente Rosana sentiu uma boca morna e macia tocar um de seus mamilos. Era uma das mulheres que assistiam. Com todo o tesão que sentia, Rosana deixou que aquilo continuasse.

Saber que era observada enquanto Fernando estava dentro dela, ela segurava o pau duro de outro homem e uma mulher chupava seus mamilos, levou Rosana à loucura, ao êxtase. Ela ficou cada vez mais encharcada e seu corpo rígido quase chegando ao ápice. Esfregou o homem com mais força e sentiu o pau ficar ainda mais duro, ao mesmo tempo em que sentia Fernando, ainda dentro dela. O homem se movimentou para o lado, ela o incentivou a gozar em cima dela.

Sentiu o calor da porra jorrar nos seios e na barriga dela e, ao mesmo tempo, Fernando gozar dentro dela. Ela soltou o homem que continuou se masturbando e abraçou Fernando pelo pescoço. Gritou e gemeu de tesão enquanto o corpo inteiro tremia. Ele sentia o líquido dela aquecer seu pau e gritava de prazer. Os dois gozaram juntos, por alguns segundos, até que ele diminui o ritmo e os dois relaxaram sobre o sofá.

Fernando e Rosana estavam exaustos, jogados no sofá. Ela sentou-se no colo dele e sentiu o pau ainda duro tocar sua bunda. Eles deitaram e assistiram aos outros casais enquanto tentavam recuperar o fôlego.

Quando ela viu um vibrador largado na outra ponta do sofá, pensou no quando Fernando é bom e como tem o pau mais gostoso que já experimentou, mas ao mesmo tempo, queria experimentar alguns brinquedos. Ela tinha certeza: ele jamais se importaria.

Capítulo 8

Brinquedos eróticos

Eis aí algo que toda mulher deveria ter na cama.

Na verdade, a maioria já tem!

Segundo minhas pesquisas e as respostas aos meus questionários, há muita curiosidade no que diz respeito a sexo e ao corpo humano e suas inúmeras possibilidades de prazer. Como já foi dito aqui, o desejo sexual e, principalmente, o prazer da mulher têm sido reprimidos ao longo da história e em várias culturas e sociedades. O conhecimento acerca da sexualidade da mulher, em grande parte, é restrito ao relacionamento entre homem e mulher, mais ainda, ao relacionamento monogâmico de uma mulher com seu marido e o sexo para fins reprodutivos. No entanto, muitas mulheres estão tomando as rédeas de sua sexualidade. A curiosidade e a exploração de seu próprio corpo são aliadas da mulher na busca e na realização de uma vida sexual bastante ativa e satisfatória. As mulheres, hoje em dia, têm liberdade e vontade de dar asas à imaginação. E por isso, a indústria dos brinquedos eróticos cresce cada vez mais.

Em São Paulo, por exemplo, uma das mais famosas lojas de produtos eróticos estima que mais de um terço da população tenha um brinquedo em casa. Segundo eles, o crescimento geral das vendas de vibradores acompanha o crescimento das vendas de *smartphones*.

As mulheres descobriram que brinquedos eróticos são saudáveis ferramentas que fazem parte de sua jornada para a descoberta do sexo e de seus prazeres, o que as leva a um empoderamento sexual.

Não somente o aumento no número de páginas na internet a oferecer esses brinquedos, ou a existência agora de mais lojas em shoppings, ou áreas comerciais nobres das cidades fazem as mulheres sentir mais poder e controle sobre sua vida sexual. As festas dos brinquedos eróticos, organizadas por mulheres no mundo inteiro, são excelentes momentos em que muitas se juntam para criar a oportunidade de conhecer melhor o funcionamento dos brinquedos e para falar dos prazeres e benefícios de cada vibrador, consolo, etc.

Minhas pesquisas confirmam isso. Carmen, por exemplo, revelou que um dos melhores sexos que já fez na vida foi com um brinquedo. "Tenho dois vibradores diferentes e um vibrador *rabbit*."

Adriana afirmou "nem sei por que quero um homem com quem fazer sexo, tenho muitos brinquedos que são ma-ra-vi-lho-sos. Qualquer mulher que falar que nunca desejou experimentar pelo menos um brinquedinho só pode estar mentindo."

Carina costuma dar brinquedos eróticos de presente e afirma "o melhor presente que alguém pode dar: um orgasmo."

Rosa escreveu ter um vibrador "eu adoro ele, com ou sem meu marido, essa coisa sempre faz aquela mágica!".

Alguém que preferiu ficar anônima escreveu que não consegue viver sem o consolo. "Ele jamais me decepciona, vai diretamente ao ponto onde precisa ir e sempre faz o serviço completo. Por isso amo esse danado!".

Uma pesquisa conduzida por Chicago's Berman Center confirma a minha, ao afirmar que a metade das mulheres adultas já experimentou, ou tem costume de usar brinquedos eróticos. Entrevistaram 1600 mulheres das quais 46% afirmaram usar ou ter experimentado. O mais comum dos brinquedos é o vibrador.

Essa mesma pesquisa confirma minhas conclusões acerca do empoderamento sexual feminino. Veja os resultados:

43% das mulheres não casadas mas que têm um parceiro fixo usam brinquedos eróticos com o parceiro.

35% das mulheres casadas usam brinquedos eróticos com o marido e 90% delas afirmaram ser a favor de o marido usá-los também.

66% das mulheres disseram que o parceiro apoia o uso dos brinquedos.

Os benefícios dos acessórios são muitos e não são exclusivos das mulheres.

Ao experimentar os diversos brinquedos eróticos, as mulheres têm como conhecer melhor seus prazeres sexuais, o que, por sua vez, faz com que elas se envolvam mais em um relacionamento sexual satisfatório. Quanto mais conhecedoras de suas necessidades, mais confiantes as mulheres são em seus relacionamentos sexuais.

Dentre as vantagens dos acessórios sexuais, podemos citar:

Aumento no interesse por sexo — As mulheres que têm brinquedos eróticos afirmam ter mais interesse em fazer sexo, já que se sentem motivadas a experimentar coisas diferentes e a explorar os limites do corpo.

Controle das necessidades sexuais — O uso dos acessórios permite à mulher controlar melhor suas necessidades e desejos, além de conhecer melhor quando e como quer ter prazer, já que pode variar a velocidade, encontrar diferentes pontos eróticos, e até brinquedos diferentes que proporcionam tesões diferentes. O melhor de tudo: a mulher sente-se no controle de si, já que é ela quem comanda os brinquedos.

Orgasmos mais rápidos — A vontade crescente de utilizar acessórios e de fazer experiencias com eles leva a mulher a ter mais orgasmos e a gozar mais rápido.

Benefícios sexuais — O fato de o resultado da brincadeira com acessórios ser gratificante leva a mulher a gostar mais de sexo e de seus benefícios, e o que é ainda melhor: faz com que ela se envolva mais em sua relação em busca do prazer e do orgasmo.

Satisfação sexual — Na maioria dos casos, o uso dos brinquedos eróticos, seja sozinha, seja com um parceiro, resulta em uma experiência mais satisfatória.

Mônica nos respondeu:

"Meu primeiro vibrador me ensinou muito sobre o meu corpo, sobre as coisas de que gosto e sobre o que devo pedir ao meu parceiro. O que é melhor, meu vibrador me ensinou que não preciso parar depois do primeiro orgasmo, nem do segundo, eu posso gozar quantas vezes eu quiser! Além disso, agora me sinto mais confiante e mais à vontade para falar de sexo com minhas amigas e também estou bem à vontade comigo mesma."

Calma! De forma alguma quero que a mulher troque o homem por um vibrador. Mas muitas mulheres dizem que até que possam colocar um homem na bolsa e simplesmente trocar as pilhas dele quando estiver fraco, o vibrador é um bom substituto para a coisa de verdade. Eu insisto, se você usa seu "namorado à pilha" somente quando a coisa de verdade não está por perto, você e "a coisa de verdade" não sabem o que estão perdendo.

Então é bom saber como sugerir o uso desses "brinquedinhos" sem magoar o parceiro. É fácil. Basta perguntar o que ele pensa sobre isso. Os brinquedos eróticos estão por toda parte, diga que viu na internet, ou que leu em um livro sobre como incrementar sua vida sexual — conte que leu este livro! — e pergunte a ele se gostaria de experimentar. Dessa forma, ele vai saber que o vibrador não é um substituto para ele e que não está fazendo nada de errado. Diga que você está curiosa e quer experimentar junto, assim ele não vai ter ciúme de seu novo amigo — é bem provável que ele também goste do brinquedo!

Ele está à vontade com a ideia de explorar o brinquedo e sabe que ainda é querido nessa relação, qual é o próximo passo? Que tal sugerir comprarem juntos um vibrador que agrade aos dois? Há muitos *sex shops* por aí, ou vocês podem usar a internet e comprar online. Ou ainda, você pode convidá-lo a usar aquele vibrador que você já tem, nos diversos pontos de seu corpo. Ou no corpo dele para encontrar as diferentes zonas erógenas, comentadas neste livro, no capítulo dois.

Os gemidos, sussurros e suspiros ensinarão onde cada um sente mais tesão.

Quando você tiver seu brinquedo, não tenha vergonha de usá-lo, ao contrário, explore as possibilidades e expanda seus horizontes. Como já disse, os brinquedos podem aumentar sua libido e "dar um *up*" na sua experiência de sexo. Portanto, como em qualquer experiência sexual, fique sempre de olho nos benefícios e aproveite as diferentes opções que o mercado lhe oferece para encontrar o quer, dentro de seu orçamento e com a maior discrição possível. Aproveite!

Uma pesquisa na Indiana University's Center for Sexual Health Promotion — departamento de saúde sexual da Universidade de Indiana — revela que 41% dos casais já usaram um vibrador durante as preliminares e até 37%, durante a relação propriamente dita. Muitos homens afirmam que as vibrações durante a relação sexual aumentam o tesão.

A seguir apresento um guia "O quê, Quem, Por quê?" sobre a masturbação que revelará minhas descobertas sobre a experimentação das mulheres no que diz respeito aos desejos sexuais e à realização deles.

O quê? — Masturbação é a autoestimulação dos genitais para aumentar o tesão e atingir o prazer, apesar de nem sempre chegar ao orgasmo. Em geral a masturbação é feita com o toque, a esfregação, ou massagem do clitóris até atingir o gozo. Muitas mulheres estimulam a vagina durante a masturbação e o uso do vibrador.

Quem? — As respostas a minhas perguntas revelam que praticamente todo o mundo se masturba. Isso é um comportamento muito comum. As respostas também revelam que a masturbação não é praticada apenas por quem é solteiro, mas também é bastante comum dentre as pessoas que são casadas e que têm vida sexual ativa com um parceiro. Certo estudo revelou que 89% das mulheres afirmaram que já se masturbaram.

Por quê? — Masturbação é algo que faz o praticante sentir-se bem e que alivia qualquer tensão sexual que pode vir a se acumular com o tempo, no caso de pessoas sem parceiros, ou cujo parceiro nem sempre está disponível para o sexo.

E isso é um tabu?

Assim como os desejos sexuais femininos foram, por muitos séculos, reprimidos, o mesmo aconteceu com a masturbação. Enquanto no passado era considerada uma prática de perversão, ou de doença mental, hoje a masturbação é considerada atividade normal, sexualmente saudável, prazerosa, aceitável e segura. É uma excelente maneira de experimentar o prazer sexual e pode ser feita a vida inteira.

A maioria dos brinquedos eróticos no mercado pode ser usada por uma só pessoa ou em companhia de um parceiro. Seja lá como for, eles estão à disposição para dar prazer.

Vamos então agora entender o que são esses brinquedos e onde podemos encontrá-los.

Electrosex — São estimuladores eletrônicos sexuais utilizados durante o sexo. Eles atuam nos nervos e são normalmente associados às atividades de BDSM (sadomasoquismo) para, associados à dor, gerar ainda mais prazer.

Stefania relatou sua experiência com o electrosex e seu parceiro:

"Foi como se um fogo começasse a me queimar bem dentro de mim e a coisa ficava cada vez mais intensa. O orgasmo foi o mais incrível da minha vida, foi uma onda de prazer tão maravilhosa que parecia começar lá na parte mais central do meu corpo e irradiava por meus braços e pernas e me botar pegando fogo inteirinha, das pontas dos pés ao último fio de cabelo. Depois ainda fiquei tendo aquelas deliciosas tremidas de prazer por uns cinco minutos. O orgasmo mesmo durou mais que o normal e acabou comigo, mas eu logo quis gozar de novo!".

Dildos — São brinquedos fálicos que imitam o pênis, podem vibrar ou não. São utilizados para penetração durante a masturbação ou o sexo com parceiros.

Vibradores — São brinquedos eróticos para o corpo e a pele; estimulam os nervos e relaxam dando prazer. Alguns vibradores são ergonômicos de forma a estimular zonas erógenas específicas.

Fucking Machines — São máquinas de sexo que prometem oferecer total controle sobre suas sensações e seus prazeres permitindo a você acesso à total realização sexual sob medida. A máquina transa com a mulher como se fosse um homem. E a mulher é que determina a hora de parar.

Dispositivos de Castidade — Com um dispositivo de castidade você pode experimentar a sensação de controlar o prazer sexual da parceira. Os cintos ou os corpetes de castidade podem ser encontrados em diversos modelos, desde o mais simples para iniciantes, aos mais elaborados para os grandes entusiastas.

Estimuladores de Mamilos — São aparelhos que presos aos mamilos vibram e estimulam o tesão.

Mordaças — Esses brinquedos são bastante populares, sobretudo, entre os BDSM, ou no *bondage*. Há uma variedade grande de tipos e estilos que permitem aos usuários escolher o que é mais adequado à fantasia e o que permite mais conforto. Podem ser utilizadas para manter a boca do parceiro aberta, ou para manter o parceiro quieto.

Moda Fetichista — Qualquer um pode escolher sua roupa conforme o fetiche e, as pesquisas garantem, isso adiciona um tempero bem gostoso na sua vida sexual. As roupas de BDSM e as de *bondage* são as mais comuns.

Açoites e Chicotes — Muitos casais fazem experiências com esses objetos que, podemos dizer, castigam, flagelam o parceiro. Cada um deles provoca uma sensação diferente. Os açoites são os mais comuns e proporcionam sensações bastante variadas. As varas também são utilizadas; é a forma mais extrema e intensa de causar dor no parceiro.

Pumps — São bombas de sucção que podem ser utilizadas no pênis para aumentar o comprimento e o diâmetro. Seu uso pode ser tentado, apesar de os médicos afirmarem que nada pode fazer um pênis aumentar de tamanho; na vagina, para aumentar os grandes lábios e o clitóris; ou nos mamilos para deixá-los mais protuberantes e duros.

Cremes e Lubrificantes — Eis aqui ingredientes essenciais para um bom sexo. Há uma seleção ampla de marcas, tipos e qualidades. Você certamente encontrará algo para satisfazer às suas necessidades e desejos. É importante que, ao escolher o seu lubrificante, você preste atenção na composição, se contém adição de cor, se é oleoso, de silicone, ou à base de água, porque é isso que determina sua função, compatibilidade com camisinha e higiene depois do uso. Alguns são comestíveis.

Não importa o brinquedo, nem como e onde você vai comprar, o importante é encontrar aquele que vai te satisfazer, seja a sós com o acessório, seja na companhia de alguém. Rosana e

Fernando, por exemplo, fizeram suas compras online e receberam em casa o pacote.

Aquela noite seria a primeira, depois de meses, que Fernando iria viajar a trabalho. Quando ele saiu de manhã, os dois se abraçaram e ela se lembrou de que aquela seria a primeira vez que teria o prazer de se divertir com o novo vibrador.

À noite, Rosana tomou banho e deitou pelada, na cama.

Ela correu os dedos pelo corpo, se acariciou e alisou os seios. Fechou os olhos e imaginou que seus dedos fossem os de Fernando. Ela se lembrou da última vez que fizeram sexo e pensou no olhar safado dele, nos olhos que a comiam com luxúria, e nos sussurros de tesão. Ela novamente imaginou que as mãos que exploravam seu corpo eram as de Fernando. Ela gemeu de prazer.

Rosana ficou ofegante quando sua fantasia foi além e ela imaginou Fernando ali, na cama, nu. Suas mãos desceram pelo corpo e nas coxas abriram suas pernas; ela colocou dois dedos dentro da boceta. Suspirou quando percebeu o quanto já estava molhada. Continuou a esfregar a boceta pensando em Fernando e imaginando que ele estava entre as pernas dela e olhava para cima, dentro dos olhos dela. Ela imaginou que ele estava com a língua no clitóris dela e que movimentava em círculos, alternando movimentos lentos e alguns mais rápidos. Fechou os olhos, gemeu e tremeu de tesão.

Rosana queria mais. Queria sentir Fernando dentro dela. Alcançou o vibrador ao lado e sentiu a maciez e o frio da borracha quando encostava nos grandes lábios. Ela colocou só a ponta e não penetrou, como se fosse Fernando, provocando os desejos dela. Imaginou que ele a abraçava e sorria, isso enquanto ainda se provocava com a ponta do vibrador. Ligou o vibrador e permitiu que ele massageasse seu clitóris antes de abrir os grandes lábios e deixar que o vibrador também brincasse ali. Quando o empurrou para dentro, sentiu a boceta abraçar o aparelho enquanto ele vibrava dentro dela, cada vez mais fundo. Ela aumentou a velocidade da vibração. Quando imaginou que era Fernando quem estava dentro dela, deixou escapar um gemido, ficou ofegante e sussurrou o nome dele, depois, quando começou a movimentar o vibrador dentro dela, deixou escapar um grito de tesão: "isso Fernando, me come todinha". Ela imaginou Fernando em cima dela, metendo, com os olhos fechados, gemendo e tremendo de prazer do tanto que ela estava quente e com tesão.

Tirou o vibrador um pouco e brincou com ele imaginando o corpo nu de Fernando sobre o dela.

Quando sentiu que estava prestes a gozar, enfiou o brinquedo mais fundo e o movimentou para encontrar os pontos mais sensíveis. Ela estava em êxtase.

Perdida na fantasia, ela pediu para Fernando foder mais forte. Levantou os quadris e empurrou o vibrador ainda mais fundo na boceta totalmente encharcada. Rosana imaginou Fernando a encarando enquanto ela tinha prazer. Conseguiu imaginar o olhar carinhoso e sacana ao mesmo tempo, os sorrisos de satisfação por ele estar sobre o corpo molhado dela.

Ela imaginou que ele beijava seu pescoço e brincava com seus mamilos. Pensar na respiração quente dele, em sua pele, fez com que mordesse o lábio quando começou a tremer sentindo o orgasmo chegar. Ela chamou por ele novamente e levantou os quadris no mesmo ritmo que movimentava o vibrador num delicioso êxtase. De repente ela gozou muito gostoso.

Quando relaxou na cama, Rosana sentiu a respiração ofegante e notou o cheiro de sexo no ar, enquanto as pernas bambeavam e tremiam depois do prazer.

Enquanto tomava outro banho, desejou que Fernando estivesse lá. Decidiu então que, da próxima vez, iria se filmar para que ele pudesse levá-la na viagem. Naquele momento, o telefone tocou. Ela correu para atender e, ainda ofegante, se jogou na cama:

"Oi! Você parece ofegante, estava correndo?"

"Não, na verdade estava curtindo, bem devagar, todos os momentos..."

Rosana então contou a quais momentos se referia.

"Caralho! Eu bem que gostaria de estar nessa brincadeira..."

"Aliás, estava aqui justamente pensando em você, Fernando. No quanto eu queria que me visse gozar daquele jeito."

"Quem sabe da próxima vez você filma? Assim eu posso trazer na viagem."

"Hum... Isso aí pode ser uma ideia, mas enquanto você não tem o filme..."

Rosana pega o vibrador e liga. Fernando escuta o zumbido do outro lado e sente o pau ficar duro quando imagina onde ela vai enfiar aquele brinquedo.

Capítulo 9

Filmes caseiros

Você não precisa ser o Spielberg para fazer filmes de sucesso. Tenho certeza que se você se arriscar nesse ramo, vai querer ver seu filme repetidas vezes.

De todos os tipos de filme que fazem o maravilhoso gênero "filme para adulto", poucos fazem tanto sucesso e persistem por tanto tempo quanto os amadores filmes de sacanagem particular de quem filma sua própria relação sexual.

Até pinturas rupestres que retratam a sacanagem particular já foram encontradas. As câmeras Polaroid, aquelas da foto instantânea, levaram esse tipo de registro a outro patamar. Com elas, podíamos fazer nossas próprias fotografias para aproveitarmos depois e/ou para proporcionarmos o prazer alheio, sem que terceiros revelassem o filme.

A popularidade dos filmes caseiros "para adultos" vem de anos: quando a vídeo câmera surgiu, nos anos oitenta. Ou seja, essa foi a época de decolagem dos filmes amadores, quando inúmeras pessoas ao redor do mundo começaram a ligar o vídeo — e se ligar, é claro! — para gravar suas próprias experiências sexuais.

Antes disso, os únicos filmes de entretenimento para adultos eram feitos por homens para homens, mas isso agora, é óbvio, está em franca mudança! As mulheres começaram a ter voz nesse mercado e a exigir o que gostam e o que querem ver nas telas.

Sarah, por exemplo, escreveu: "em geral, não gosto de ver homens em filmes pornôs, eles não são atraentes e são velhos. Além disso, fazem sexo com a mulher de forma que eu não iria gostar. Gosto de ver pornô em que a mulher parece estar com tesão de verdade e isso, normalmente, é filme pornô com lésbicas."

Lisa, uma advogada de vinte e quatro anos, é viva prova de que os comportamentos estão mudando. Ela assiste a filmes pornôs pelo menos uma vez por semana e conta: "na maioria das vezes, assisto sozinha. Uma parte de mim sente um prazer secreto por estar me deliciando com algo que os homens pensam ser exclusividade deles. No entanto, muitos desses filmes são bem brochantes, na verdade. Penso que por ser feito por e para homem, eles não devem pensar muito sobre o que as mulheres querem ver na tela."

O perigo de ter seu segredo revelado quando você quer apenas revelar o seu filme já acabou. Hoje você pode fazer tudo em casa. Além do mais, pode fazer um filme para e com mulheres e aproveitar todos os momentos, desde as filmagens até a décima vez que você assistir. Ah! E, claro, o seu filme poderá ter você ao lado dos atores que escolher.

Como já sabemos, no que diz respeito à excitação sexual, diferente dos homens, as mulheres não são tão levadas pela imagem. Ou seja, para elas não basta ver qualquer coisa que remeta a sexo. No primeiro capítulo deste livro, falamos de como o ato sexual não é exatamente o que dá tesão na mulher, mas sim todo o clima, todo o preparo, e o ambiente em geral são responsáveis por excitar a mulher. Cada passo, cada gesto constrói a grande sensação de relaxamento, de tesão e, no final das contas, é o que leva a mulher aonde ela quer chegar: ao orgasmo.

Minhas pesquisas revelam que as mulheres estão mais no controle. Elas gostam e fazem seus próprios filmes pornôs, sozinhas, ou acompanhadas, para assistir depois, também sozinhas, ou acompanhadas.

Há muita diferença entre os filmes comerciais e o que as mulheres querem ver. O que posso concluir com minhas pesquisas é que o principal desejo entre as mulheres é ver mais erotismo e sensualidade nos atores, e não apenas fuc fuc (sei que você me entende). Elas gostam de ver mulheres se divertindo com as práticas sexuais, curtindo e gozando nos filmes. Normalmente os filmes profissionais colocam muito mais foco nas ejaculações masculinas do que nos orgasmos femininos.

Sofia nos diz: "Há muitos detalhes que fazem um filme ser diferente e se destacar. Precisa mostrar as preliminares, afinal, o caminho até o sexo é tão importante quanto o próprio sexo. E, além de dar *closes* na mulher, gostamos de ver os homens de perto também."

Para Sofia, saber que alguém está com a câmera na mão também a excita e satisfaz seus desejos exibicionistas.

Mais uma vez, aqui também cabe falar em estabelecer regras básicas antes de iniciar a brincadeira. Antes de começar a produzir o seu filme, converse sobre quem terá acesso a ele. Estabeleça quem será o responsável por guardar o filme e onde ele ficará — cuidado! Não cometa o erro de colocar uma capa qualquer e guardar junto com outros DVDs, sobretudo se, por exemplo, sua sogra tiver acesso a sua coleção de filmes! Também decidam quem será responsável por filmar. Convidarão uma terceira pessoa? Ou colocarão a câmera em um tripé?

Tudo definido?

Então, Luz, Câmera, Ação!

Rosana e Fernando decidiram que daquela vez o sexo seria entre eles e a câmera. Conversaram também sobre o que fazer com o filme quando estivesse pronto e decidiram que mostrariam a Marcos e Helena e, quem sabe, numa próxima vez envolvê-los na produção.

Fizeram um jantar leve e tomaram algumas taças de vinho para entrar no clima. Deixaram o ambiente com luz baixa, mas o suficiente para a filmagem. Rosana sabia o que queria com aquele filme, também procurou conhecer bem os desejos de Fernando e ele fez o mesmo. Ela ficou responsável pelo cenário e o roteiro. Primeiro, faria um show para Fernando e então o convidaria a entrar em cena e garantiria que seriam filmados por todos os ângulos, de forma que os dois tivessem o maior tesão na hora de compartilhar, ou de rever, tudo o que fizeram.

A câmera foi posicionada em um tripé, em frente ao sofá onde Rosana estava sentada, pernas cruzadas exibindo uma *sexy* meia e suas rendas. Ela pediu que Fernando ligasse a câmera.

O filme começou a rodar:

Um sorriso estampou seu rosto quando relaxou e deixou a saia subir acima da coxa e revelar um pouco de sua calcinha de seda branca. Sentiu-se excitada quando viu que Fernando já tentava ajeitar o pênis duro dentro das calças.

Colocou a mão sobre a vagina e sentiu a calcinha já úmida. Fechou os olhos e começou a imaginar Fernando, com o pau duro, a levar para o quarto, jogar na cama e meter fundo dentro dela. Ela se lembrou da deliciosa sensação de simplesmente deixá-lo entrar enquanto ele a olha fundo nos olhos. Só de lembrar-se daquele olhar de tesão de Fernando, ela tremeu. Lembrou que às vezes o pau dele está tão duro que entra em sua boceta sem o auxílio das mãos. Nessas situações comentava – "ele" sabe o caminho. Começou a massagear o clitóris. Sentiu a calcinha quente e ainda mais úmida. Foi então que observou Fernando dar *zoom* na câmera e aquilo deu tesão nela. Pensar que ele chegava bem perto do espaço entre as pernas dela fez a boceta ficar ainda mais molhada. Também aumentava o tesão pensar no quanto estava safada e ainda por cima sendo filmada enquanto fazia suas safadezas.

Rosana abriu a saia e a deixou cair ao chão. Arqueou o corpo enquanto desabotoava a blusa para mostrar seus seios nus. Os mamilos, duros. Ela tinha certeza: Fernando estava gostando daquele show. E quando ele afirmou que iria assistir ao filme depois, ela prometeu: "eu vou chupar seu pau todinho enquanto você assiste."

Tirou a calcinha e se jogou para trás no sofá, com as pernas espalhadas e a boceta escancarada para a câmera e os dedos escorregando para dentro. Ofegante, ela colocou a mão sobre o peito e sentiu o coração acelerado enquanto brincava com o mamilo.

Fechou os olhos e continuou brincando com os mamilos, cada vez mais duros e a respiração mais ofegante. Com um leve beliscão e uma suave puxada em cada mamilo, a vagina ficava ainda mais trêmula e molhada.

Notou o volume nas calças de Fernando e o convidou para o sofá, olhando direto para a cama e sinalizando, com um sorriso bastante *sexy*, aliás, muito sacana.

Fernando teve a certeza de deixar a câmera no automático, bem focalizada, antes de se colocar ao lado de Rosana. Ela então abriu e tirou as calças dele, tirou a cueca e não demorou a pegar o pau e começar a esfregá-lo, de leve no rosto, olhos e na boca, e então beijar a cabeça, enquanto olhava diretamente para a câmera. Lambeu os lábios e sorriu para a câmera. Só de pensar no que estavam fazendo, dava muito tesão em Rosana.

Ela direcionou o corpo para a câmera, abriu as pernas e meteu dois dedos na boceta ainda mais molhada. Ao mesmo tempo, Rosana colocou o pau de Fernando na boca e movimentou para cima e para baixo a cabeça de forma que a câmera registrasse o quanto o pau mergulhava em sua garganta. Ela sabia que aquilo daria muito tesão em Fernando, ou em qualquer pessoa que assiste.

Ele jogou Rosana no sofá de forma que suas pernas abertas ficassem expostas mostrando quando ele começou a beijar e lamber o clitóris dela e na sequência focar a entrada de alguns dedos, lá no fundo. Rosana gemeu alto e gozou.

Ela se virou e apoiou-se nos cotovelos mostrando para a câmera a bunda e a boceta por trás. Ela levou a mão por debaixo e enfiou o vibrador que tinha deixado separado no sofá. Ao mesmo tempo, Fernando esfregou o pau na bunda de Rosana e deixou seu caldo molhar e lubrificar seu ânus. Colocou a cabeça do pênis na entrada. Em seguida lambuzou seus dedos na boceta e molhou ainda mais o buraco onde então o pau entrou fundo. Ela ficou ofegante e abusava ainda mais do vibrador. Rosana gritou de prazer quando Fernando a provocou tirando o pau e esfregando só a ponta naquele buraquinho dela. Ela passou a rebolar, curtindo apenas a pontinha do pau no rabinho.

O corpo enrijeceu, as pernas tencionaram e ela gozou enquanto enfiava e movimentava o vibrador na boceta. Ela desmontou no sofá com o rosto enfiado na almofada, mas a bunda continuou no ar, virada para a câmera.

Fernando não conseguiu segurar mais. Aquela visão de Rosana, caída, com a bunda e a boceta para cima era muito. Foi até o banheiro, lavou rapidamente seu pau, penetrou-a por trás e meteu fundo. Rosana podia sentir o pau pulsar dentro dela. Ele gozou dentro dela agarrando-a pela bunda. E quando sentiu a porra escorrer, ficou com mais tesão e gozou ao mesmo tempo.

Rosana gemia enquanto se recuperava do orgasmo. Sua mente estava a mil e ela super relaxada. Então se deu conta de que ainda estava sendo filmada e sentiu uma pontada de tesão.

"Isso foi gostoso demais!" ela sussurrou no ouvido de Fernando.

Sua mente um tanto quanto sacana não conseguiu parar de pensar em como fazer daquela brincadeira algo ainda mais divertido.

Quem sabe fingir ser outra pessoa?

CAPÍTULO 10

Encenação durante o sexo: Criando personagens

Sabia que você pode ser quem você quiser? Melhor ainda: você pode fazer o que quiser.

A partir de várias pesquisas acadêmicas sobre fantasias sexuais, os psicólogos Harold Leitenberb e Kris Henning, já no início da década de 90, chegaram a resultados muito parecidos com as da minha pesquisa, que é bem mais atual. Eles concluíram que os principais temas dentre as diversas fantasias são:

1. Fazer sexo ocasionalmente mais selvagem com o(a) próprio(a) parceiro(a);
2. Fazer sexo com estranhos, ou amante imaginário(a);
3. Ser dominado(a), ou dominar;
4. Sexo a três ou grupal;
5. Reconstituir uma experiência sexual prévia, inesquecível;
6. Diferentes posições ou locais e sexo em público;
7. Fazer coisas que jamais seriam feitas,

O fato de que a fantasia mais comum é com o(a) parceiro(a) pode surpreender algumas pessoas, mas eu gosto de lembrar que fantasias sexuais não são apenas atos selvagens que desafiam limites, elas podem, sim, incluir a pessoa com quem alguém faz sexo regularmente, sobretudo porque é sempre bom saber que a pessoa com quem se está relacionando é tão boa que vale a pena pensar e planejar fantasias com ela — além de continuar com ela, claro!

Criar personagens relacionadas às fantasias sexuais é uma ótima maneira de nos sentirmos livres, porque, mesmo que temporariamente, ficamos sem restrições, sem responsabilidades e podemos ser quem quisermos e fugir da monotonia do dia a dia. Além disso, essa brincadeira nos permite fazer sexo com qualquer outra pessoa, quando o(a) parceiro(a) se veste de outra pessoa.

Se no dia a dia a vida, as obrigações e até mesmo nossas regras e restrições sociais limitam o sexo e, portanto, o tipo de prazer e surpresas que nos esperam, nessa brincadeira de vestir fantasias e encenar, o único limite é o da imaginação.

Nossa tendência é pensar que a encenação durante o sexo envolve apenas duas pessoas. Em geral, esse é o caso, mas a maioria das melhores fantasias sexuais começa na mente para depois ser incorporada no mundo real. E quem disse que a mente só tem espaço para duas pessoas?

Tem espaço para quantas você quiser!

Para muitos, pensar em encenação durante o sexo não passa de clichê: Tarzan e Jane; Batman e Mulher-gato; Super-homem e Supermulher; uniformes da polícia, bombeiros, marinheiros ou prostitutas, enfermeiras e estudantes. Para muitas outras pessoas é algo que faz reviver memórias de papeis complicados já vividos em momentos de grande prazer. Para outras é algo que interessa, "pero no mucho".

Durante nossa vida de adulto não nos é permitido brincar com muita frequência. Quando há algum tipo de jogo, em geral, é competitivo e alguém sempre um ganha enquanto o outro perde.

Quando, na pesquisa, perguntei sobre a encenação durante o sexo, Sofia respondeu: " minha experiência sobre isso é pequena. Aliás, nem sou muito fã dessa coisa de encenar durante o sexo. Detesto piadinhas, ou pegadinhas e detesto brincar de mímica. Odeio quando, no trabalho, desenvolvem aquelas dinâmicas de grupo envolvendo "teatrinhos". No entanto, devo admitir — e vou falar por experiência própria — quando você tem vontade de ser alguém, de viver uma situação diferente, vale muito a pena respirar fundo e mergulhar de cabeça na personagem escolhida."

Para Carmen, "encenar durante o sexo é uma maravilhosa forma de escapar um pouco da monotonia do dia a dia".

Escolher uma fantasia que tem a ver com você é a chave para uma maravilhosa encenação. Clichês que significam nada para as pessoas envolvidas na brincadeira, faz com que seja difícil entrar na personagem.

Sabe aquelas suas fantasias de quando você se masturba? Então, quando estiver tentando criar um cenário para o sexo, um bom começo é aquilo em que você sempre pensa no seu mais íntimo momento sozinho — e o que é melhor, esse momento vai virar realidade!

A masturbação pode ser boa também para testar a sua fantasia. Suponhamos que tenha tido uma grande ideia para a próxima encenação. Se quiser testar se vai se sentir bem com a personagem, tente se masturbar e veja o que sente. Pode até ser que você não queira compartilhar tudo o que passa na sua mente quando está sozinho, mas isso não é problema! O importante aqui é fazer o tesão rolar solto.

Como estamos falando de fantasias, podemos assumir que falamos em esticar limites. Não se sinta reprimido em seus pensamentos, em sua imaginação. Essa será a sua fantasia, portanto, não se prenda a nada que seja muito próximo do padrão e de coisas que você já fez antes. Seja o mais inusitado possível, experimente o máximo que puder, arrisque.

Agora o mais importante: não fique constrangido, nem tenha vergonha daquilo que deseja ser. Realmente não há limites, desde animais a objetos inanimados, ou até mesmo um ladrão de bancos, o que quer que você venha a encenar não significa que você se tornará isso, ou que seja isso.

Deixe a realidade do lado de fora do quarto.

Aqui vai uma ajuda para saber escolher bem as personagens de sua brincadeira, afinal de contas, você vai querer que tudo dê certo e que ninguém fique constrangido. E, claro, você quer atingir o principal objetivo: fazer um dos melhores sexos de sua vida.

Minha sugestão é que se perguntem:

1. Quem vocês querem ser?
2. Qual é o melhor cenário?
3. Como será a roupa?
4. Qual é a motivação para isso?

E, por fim, a pergunta que sempre deve ser feita:

5. Quais são as regras básicas e os limites dessa brincadeira? — algumas coisas aqui são óbvias: não rir, não julgar e não maltratar o outro. Mais que isso, não cobrar nada nos dias seguintes. Se a mulher encenou um prostituta e merecia o "Oscar", não pode ser cobrada no dia seguinte sobre como sabia que as prostitutas se comportavam daquele jeito.

Preparar uma encenação para a hora do sexo pode não ser tão fácil assim para todos. Assim como alguns de nós temos mais criatividade para escrever, ou para compor músicas, ou ainda para cozinhar, algumas pessoas são mais criativas que as outras para realizar fantasias sexuais. Independentemente disso, todos nós podemos fantasiar, só que uns precisam ser mais inspirados que outros.

Rosana e Fernando queriam experimentar a encenação durante o sexo, mas não estavam muito a fim de serem personagens específicos, decidiram encenar uma situação.

Para isso, foram ao mesmo hotel de sempre. A ideia era fingir que jamais se viram antes e aquela noite, naquele bar do hotel, um ficou atraído pelo outro. Combinaram tudo desde o momento do encontro no bar até como a noite terminaria.

Certa noite, Rosana foi sozinha para o bar do hotel que já conhecia bem. Sentia ansiedade, excitação, muito tesão só de pensar no que iria acontecer.

Antes de ir para o bar, fez o *check-in* e tomou um belo banho para então se preparar para noite. Ela havia comprado para aquela ocasião um belo *tailleur* com uma saia tão justa que, ao sentar-se no banco do bar, deixou revelar as coxas até quase mostrar a renda das meias e as ligas da cinta para qualquer pessoa que prestasse um pouco de atenção. O blazer ela pendurou no encosto do banco. A blusa que vestia era branca, de um tecido fino e justa nos seios. Nos braços ela tinha nada além de um relógio em ouro branco enfeitado com pedras preciosas.

Rosana dava pequenos goles na bebida.

No copo, seus lábios ficaram impressos em vermelho.

Ela sabia que Fernando chegaria logo, fazendo o seu papel de estranho. Enquanto esperava, não aguentava e olhava ao redor para ver se ele já estava por lá a observá-la. Olhou para o relógio, pediu outro drinque, ouviu uma voz suave: "esse é por minha conta, e... são 8:15."

Fernando entrou em cena exatamente como haviam previsto. Ele também pediu um drinque.

Imediatamente, Rosana se sentiu dentro da cena também e respondeu aceitar o drinque e agradeceu pela informação sobre as horas.

Fernando inclinou-se no bar para pegar um guardanapo e encostou na perna de Rosana. Ela sentiu o inconfundível aroma dele.

Ele se sentou ao lado dela e se apresentou como um *personal trainer* que trabalhava naquela rede de hotéis. Rosana virou-se para ficar de frente para ele. Quando cruzou as pernas, sentiu o olhar de Fernando observar sua coxa.

"Noto que você não precisa de um *personal*. Está super em forma."

"Mas eu sempre gosto de aprender e curto atividade física. Sou bastante ativa." Rosana sorriu e olhou Fernando no fundo dos olhos.

Rosana contou que estava na cidade para uma reunião de negócios e que ficaria apenas mais uma noite. Disse estar sozinha, já que a colega que a acompanhou, já voltou para a sede da empresa.

"E que tal levarmos os drinques para a mesa. Talvez seja mais confortável." Fernando sugeriu.

Rosana desceu do banco deixando a saia levantar um pouco mais. Novamente sentiu o olhar de Fernando. Dessa vez, pensou ter visto um pequeno volume nas calças dele. Ao sentarem-se à mesa, ela ficou numa posição que permitia a Fernando continuar de olho nas pernas dela.

Os dois se entreolharam. Sorriram.

"Preciso lhe dizer uma coisa: você é linda. Posso te pagar mais um drinque?" disse Fernando.

"Você não está querendo me deixar bêbada e aproveitar de mim, está?" ela respondeu com uma risada e depois sussurrou para ele, "você não precisa me embebedar para aproveitar de mim..."

Na verdade, ambos estavam ali aproveitando um do outro e da situação.

Fernando acenou para a garçonete e pediu mais dois drinques. Notou que ela também olhava para as pernas de Rosana.

Ele pensou em passar a mão naquelas pernas, subir e chegar ao espaço entre a renda da meia e a calcinha. E só de pensar, sentia tesão.

Ela se movimentava de forma que chamava atenção não só para as pernas, mas também para os seios, apertados na blusa.

Fernando se aproximou e sussurrou: "você é a mulher mais *sexy* que eu já vi, estou doido para te foder nesta noite."

Rosana fingiu estar chocada com aquilo, ajeitou-se na cadeira e cobriu o corpo.

"Você está mesmo a fim de se aproveitar de mim, não é?"

"Não. Eu simplesmente quero te levar para meu quarto e fazer o melhor sexo do mundo. Quero fazer você gozar bem gostoso. Amanhã, acordamos e cada um vai para o seu lado e jamais nos veremos novamente. Vamos apenas viver essa noite. Que seja inesquecível."

Nesse momento, Rosana realmente viu e encarou o volume nas calças de Fernando. Lambeu os lábios e se esticou para sentir com as mãos o pênis tão duro que parecia estar prestes e explodir o zíper. Fernando não importou.

Eles estavam tão dentro das personagens criadas que não se importavam se alguém os notaria.

Fernando chamou a garçonete novamente.

"Uma garrafa do seu melhor espumante, num balde de gelo. E, por favor, leve para o quarto 669."

Rosana sorriu.

Eles esperaram um pouco até dar tempo de a garrafa ser colocada no quarto. Terminaram os drinques e saíram do bar.

Ela com a mão no volume dele, ele com a mão na bunda dela.

Capítulo 11

Sexo ao ar livre

Não seja pego com as calças nas mãos!

O site de relacionamentos ashleymadison.com pesquisou entre seus 15 milhões de usuários e descobriu que a África do Sul é número um em participantes de sexo ao ar livre, seguida da Espanha. Sem dúvida o clima interfere bastante na decisão de fazer, ou não, essa experiência. O frio pode fazer a coisa ficar meio sem graça, pequena, murcha, se é que me entendem...

Na Inglaterra, como o clima nem sempre é animador para atividades ao ar livre, quando o calor do verão começa a fazer efeito, no dia 1 de maio, as pessoas comemoram a temporada do sexo ao ar livre.

Mas observe que sexo ao ar livre é diferente de sexo em local público e neste caso, a Inglaterra está no topo da lista.

Então, se você quer experimentar sexo ao ar livre para apimentar a relação, cai fora!

Sem dúvida, essa brincadeira fará até as posições mais entediantes ficarem super eróticas. Dentro de casa, passar a mão nas coxas da mulher pode ser algo muito banal, mas se estiver ao ar livre, isso pode ser muito excitante.

Observe que fazer sexo ao ar lar livre só é ilegal se você for pego no ato. Isso se chama atentado ao pudor, e você pode ser processado.

É exatamente esse perigo que faz muita gente ter tesão.

Minha pesquisa buscava as cinco mais frequentes fantasias sexuais de mulheres e sexo ao ar livre apareceu no topo da lista de muitas delas.

Carina respondeu dizendo que, frequentemente, fantasiava que estava fazendo sexo em locais públicos, em praias, elevadores, estacionamentos, escadaria de prédios, varanda de hotel e piscina.

Para Francisca o mais excitante seria fazer sexo ao ar livre, à noite, e adoraria fazer numa piscina de hotel.

Ana quer fazer no banco de trás de um carro, no estacionamento de um supermercado, em meio a sacolas de compras.

Adriana disse que sexo na água é seu maior tesão, principalmente se for no mar.

A principal fantasia de Elisa é fazer sexo no carro, na rua.

Para Julia a frustração é de ainda não ter feito sexo em plena rua. Pode até ser atrás de uma coluna, mas tem de ser numa rua.

A pergunta é: Por que sexo ao ar livre é tão excitante?

À medida que os anos passam e nos damos conta de que a vida é curta, começamos a pensar nas coisas que queremos fazer antes de partir desta pra melhor. (permitam-me contestar o ditado popular e colocar dúvidas se realmente há uma vida melhor). Para alguns é importante atravessar o deserto do Saara, para outros é melhor não desencarnar sem ler "Guerra e Paz" de Tolstoi, ou subir o Everest, ou ter filhos, escrever um livro, plantar uma árvore.

Mas há também os que pensam na relação com o(a) parceiro(a) e em fazer algo novo ainda nesta vida. Quando seu relacionamento é novo e excitante, ou quando, mesmo já antigo ainda é quente o suficiente para que tenham sempre vontade de experimentar, ainda assim há coisas novas que podem levar a vida sexual para um nível superior de satisfação.

Então, que tal transferir a atividade de dentro para fora do quarto? Ou ainda, para fora da casa?

Com essa atitude você renovará a paixão, acenderá mais o fogo, incendiará ainda mais os desejos dos dois. Já imaginou aquela lua, com aquele vinho e os dois entorpecidos como o diabo?!

Fazer sexo no capô do carro, na escadaria fria, ou na grama no quintal de uma festa pode parecer super desconfortável e nada romântico. Entretanto, tenha em mente que é exatamente o contraste entre isso e "tenho uma cama cheirosa e macia em casa" que provoca o tesão.

Mas sempre é bom ter cuidado e saber escolher bem o local e a hora. Ninguém quer ser pego no meio de um orgasmo. O planejamento não é inimigo da espontaneidade, mas ao contrário, pode ser aliado do sucesso. Visitar o local onde pretende fazer sexo ao ar livre e fazer um *"test-drive"*, ou um ensaio, faz mal nenhum. Escolher bem garantirá o nível necessário de intimidade e privacidade, sobretudo, se o seu interesse for por locais abertos e não públicos. Você não vai querer ficar tenso e também não quer que ela fique preocupada. Ambos precisam relaxar e aproveitar o momento sem a preocupação de serem pegos no ato.

Planejar também tem a ver com saber o que vocês farão. Conforme o local, é melhor não tirar as roupas por completo, mas apenas, abaixar as calças ou levantar a saia. Às vezes é também mais adequado ficar apenas nas preliminares e chegar ao ponto... G, quando estiverem em casa.

Se você é do tipo que gosta de adrenalina e quer um local arriscado para sua aventura sexual, tenha em mente que, se forem pegos, isso é considerado ilegal e vocês podem ser processados por atentado ao pudor, portanto, não deixe de planejar. Ser visto, em alguns casos, pode ser muito brochante — o chefe chegar na hora, ou a sogra te pegar no pulo? Isso não é fantasia erótica, é pesadelo!

Carina tem uma ótima dica: "fique em pé de costas para o homem, dobre o corpo para frente e abrace suas pernas, ou segure-se em algo que estiver próximo. Ele abaixa um pouco as calças e levanta sua saia. Assim dá para ele penetrar por trás e estimular a parede frontal da vagina, além de ser uma delícia, é uma ótima posição para o caso de você precisar correr antes de ser pego no flagra."

Resumindo: lembre-se de escolher hora e local adequados. Tenha um plano!

Rosana e Fernando continuaram a fazer experiências em qualquer oportunidade que aparecia. Certo fim de semana, à tarde, notaram estar sozinhos, isolados, em um parque. Era um local adequado para sexo ao ar livre, eles concordaram. Fernando deu a mão para Rosana e a conduziu por uma trilha. Para qualquer observador, o casal estava apenas passeando, e curtindo a natureza. Para eles, estavam se preparando para mais uma aventura.

Essa seria a primeira vez deles, na natureza.

Quando chegaram a um ponto da trilha onde se sentiram seguros, pararam e começaram a se beijar enquanto as mãos exploravam o corpo um do outro.

Os beijos ficaram mais ardentes. As mãos invadiam as roupas. Fernando puxou Rosana para mais perto e ela sentiu o pau dele já duro, pegou e massageou. Fernando alisou os seios dela e apertou com delicadeza sentindo os mamilos.

Começaram a ouvir passos e pessoas conversando.

Olharam ao redor, viram nada.

Rosana gemeu quando Fernando a puxou de repente.

Segurando o pau dele, começou a beijá-lo. Ele gemeu. Ela se afastou um pouco, agachou e abriu as calças dele.

Ouviam conversas ao longe, mas ainda assim Rosana pegou no pau duro de Fernando e começou a masturbá-lo. Depois de olhar mais uma vez ao redor, ela o colocou na boca, ao mesmo tempo em que levantou a saia e levou a outra mão a sua boceta já encharcada.

O sol, a brisa, o cheiro de natureza, juntos com as vozes que ouviam e a sensação de que a qualquer momento poderiam ser pegos dava ainda mais tesão em Rosana.

Fernando estava impressionado como aquilo era tão mais gostoso ali, daquele jeito.

Em pé, Rosana abaixou a calcinha e levantou a saia acima da cintura e abaixou para frente ficando de costas para ele com a bunda e a boceta expostas, um convite irresistível para Fernando enfiar tudo dentro dela.

Ela se apoiou contra uma árvore e ele não perdeu tempo, começou a meter fundo. Ele controlava o som de seus gemidos, mas ela parecia não se importar e cada vez gemia mais alto até que não aguentou e gritou "me come gostoso, soca com força".

Rosana gozou. Seus joelhos tremeram e ela se jogou para trás gemendo, sentindo o pau de Fernando pulsar dentro dela. Com mais alguns poucos movimentos Fernando gozou.

Os dois juntos, sem se importarem com o local onde estavam, gritaram de prazer quando sentiram o gozo escorrer por entre as pernas.

No caminho para casa, ambos concordaram que os principais momentos de tesão foram quando pareciam estar prestes a serem vistos fazendo sexo. Pensaram que seria delicioso fazer ao ar livre, com espectadores.

Capítulo 12

Sexo ao ar livre levado ao extremo — Dogging

Dogging é uma prática erótica que surgiu na Inglaterra na década de setenta e até hoje é bastante popular por lá. O mundo inteiro já conhece e pratica o *dogging*. Dizem que Estados Unidos, Canadá, Austrália, Dinamarca, Suíça e Brasil, além de alguns outros, já aderiram ao *"hobby"* — dizem que na Inglaterra já se trata de um passatempo. Para quem ainda não ouviu falar dessa brincadeira, várias páginas na Internet explicam, algumas convidam e organizam os grupos. Mas eu também posso te explicar.

A Inglaterra é líder de *dogging*. Milhares e milhares de pessoas fazem isso ao redor do país. Alguns consideram o *dogging* britânico o melhor, já que foram eles os inventores dessa modalidade. Quando você se juntar a um grupo de *dogging*, na Inglaterra, verá que eles são muito receptivos e amigáveis. Para eles, a atividade é uma brincadeira comunitária. Sem dúvida, isso faz a primeira vez ser muito mais tranquila e mais bem aproveitada!

Vamos aos detalhes?

Se você está interessado em sessões de sexo super excitantes com estranhos bastantes excitados, em local público e ao ar livre, você pode experimentar o *dogging*. Trata-se de uma etapa a mais no *swing*.

Alguns definem *dogging* como sexo grupal em local público durante o qual alguns praticam e outros apenas assistem. Portanto, pode haver de dois a um número indefinido de participantes na brincadeira. A atividade envolve voyeurismo e exibicionismo. Os grupos podem se encontrar por acaso e aumentar à medida que mais pessoas passam pelo local, ou podem ser previamente organizados em redes sociais ou sites especializados.

Para começar, você pode procurar pelos sites que organizam os encontros na sua cidade, ou onde quiser se aventurar, neles encontrará milhares de pessoas interessadas em encontrar parceiros exibicionistas que queiram se juntar em encontros nos parques, estacionamentos, loteamentos, ou em qualquer outra área onde pessoas possam assistir e/ou se juntar à diversão. E aqueles que se juntam concordam: sexo ao ar livre dá muito mais tesão que debaixo de lençóis!

Safado. Arriscado. Divertido. O sexo durante o *dogging* é sem dúvida uma experiência à parte. Fazer sexo com estranhos é o máximo das aventuras sexuais — desde que seja com proteção — e por isso muitos casais já estão aderindo aos grupos como forma de apimentar a relação. Claro! Não somente os casais, mas os solteiros também curtem e são bem recebidos nas sessões de *dogging*.

Encontrar sites especializados que organizam *dogging* no Brasil ratifica o resultado de minha pesquisa. Descobri que essa prática é mais comum do que pensamos.

A Margarida, de Porto Alegre, por exemplo, respondeu: "Gosto de tudo no *dogging*. Não é só o sexo, mas o tesão que é bem característico. Só de pensar em ficar nua, ou ter alguém tirando minha roupa em público me deixa doidinha."

Joana, uma empresária que mora no Rio de Janeiro, também disse que não é o ato de fazer sexo, propriamente dito, a coisa mais excitante do *dogging*, mas sim as expectativas e os preparos para o evento.

"Será que muitos homens vão comparecer? Será que vou ter diferentes homens dentro de mim? Será que eles vão gozar em mim? Eu vou conseguir gozar?"

Cristina, de São Paulo, disse que ela e o marido costumam visitar locais onde *dogging* é praticado no fim de noite. Quando chegam, em geral já encontram carros estacionados e sempre torcem para haver homens lá dentro doidos para fazer sexo com eles. Algumas vezes ela e o marido simplesmente fazem o show. Dentro do carro eles transam enquanto um grupo de pessoas assiste. Ou, como ela conta, como a principal intenção é fazer sexo com estranhos, eles fazem: "Meu marido coloca uma luz de LED no banco traseiro para iluminar bem e permitir que as pessoas em volta possam me ver tirar a roupa. Quando eu tiro a calcinha, ele a pendura no espelho retrovisor, assim quem passa de carro já sabe que ali está rolando a sessão, ou seja, é um sinal de 'sexo em andamento'! Às vezes ele pisca os faróis, isso também é um sinal de que a coisa está acontecendo e de que queremos mais gente. Eu fico no banco de trás, com as pernas bem abertas esperando chegar mais gente. Alguns olham e vão logo perguntando se podem me comer, outros primeiro fazem algum comentário. Não importa, somos sempre receptivos e eu estou sempre aberta para receber os interessados! Aliás, provar diferentes tamanhos é sempre gostoso. Às vezes entra um homem, ele ajoelha entre minhas pernas abertas e esfrega o pau em mim. Daí ele começa a penetrar aos poucos até que mete tudo, no fundo e isso para mim é fantástico! Eu não conheço o homem, mas o pau dele está dentro de mim. E quando ele é magro, eu o abraço com as pernas de forma que minha boceta abra ainda mais para ele ir o mais fundo possível. Muitas vezes o sujeito goza rápido. Obviamente, sempre tem uma camisinha para segurar os fluidos, é uma pena, mas a segurança vem em primeiro lugar. Alguns demoram mais e me pedem para brincar e explorar meu próprio corpo. Outros me esperam gozar primeiro. Sem dúvida esses são os melhores para mim. A gente aproveita muito mais. Sempre tem muito sexo oral e alguns homens gostam de beijar na boca. Meu marido sempre curte entrar no meio. É uma delícia às vezes ter um pau desconhecido fundo dentro de mim, meu marido brincando com meu clitóris e eu tendo um orgasmo maravilhoso. Muitas vezes acontece de, em uma noite, eu fazer sexo com três ou quatro homens diferentes e depois deles, meu marido e eu vamos para outro canto e nos curtimos um ao outro, nesse momento bem devagar a aproveitando cada segundo do tesão que dá só de lembrar o que fizemos antes ."

Capítulo 13

Sexo ao extremo

Angelina Jolie revelou, em 19 de abril de 2007, para o "Mail Online" suas experiências sexuais quando era adolescente. A estrela de Hollywood admitiu que perdeu a virgindade aos quatorze anos, mas não foi só isso que revelou.

Ela nasceu em Los Angeles, Califórnia, filha dos atores Jon Voight e Marcheline Bertrand e hoje é casada com Brad Pitt. Aos 31 anos de idade, Angelina Jolie confessou: "Comecei a fazer sexo com meu namorado e as emoções que tínhamos não me pareciam suficientes. Eu já não era uma garotinha. Num determinado momento, querendo me sentir mais próxima dele, peguei uma faca e o cortei. Ele me cortou também e ficamos cobertos de sangue. Meu coração acelerou."

No mesmo artigo, também foi revelado que durante seu casamento com Billy Bob Thornton, cada um usava um colar com um frasco contendo amostra do sangue do outro pendurado. Eles se separaram em 2003.

A estrela conta que sua curiosidade sexual começou cedo. "Eu fazia parte de um grupo chamado Kissy Girls. Já no jardim da infância eu era bastante sexualizada, criei um jogo em que eu beijava os garotos e depois a gente dava uns amassos, sem roupa. Eu sempre me metia em encrenca!

Algumas experiências extremas trazem perigos. Cada vez mais, casais buscam apimentar a relação e, para isso, topam correr riscos. Apenas duas das respostas para minhas pesquisas nos dão ideia do que pode vir a ser um risco na hora de satisfazer um prazer sexual — e revelam também que é exatamente isso o que faz a coisa ficar ainda mais gostosa.

Eliza, que tem seus vinte e cinco anos, descobriu que o namorado, Ayrton, quem ela pensava ser um sujeito muito pé-no-chão e para lá de normal, na verdade gosta de experimentar tudo no sexo. "Estávamos ficando há uns dois meses e já havíamos dormido juntos algumas vezes. Nossa relação estava indo muito bem. Daí, na última vez que estávamos na cama, aconteceu de estarmos muito bêbados e a coisa esquentou pra caramba. Quando me dei conta da situação ele estava me enforcando de verdade, com força mesmo. Fiquei apavorada, comecei a chutar e acertei ele. Ele parou e começou a me pedir desculpas. Pra ele eu estava gostando, mas na verdade fiquei bastante chateada."

O incidente, apesar de ter sido inicialmente um grande susto para Eliza, não separou o casal. "Ele cometeu o grande erro de não me contar que gostava de enforcar daquele jeito; ele não sabia como explicar esse desejo. Agora que já sei, acabei até gostando e nós experimentamos outras coisas também."

De chicotes a algemas, de tapinhas a enforcamento, ou de cortes a asfixia, a busca por sexo selvagem não acontece somente nos cantos mais obscuros da sociedade. Eliza e Ayrton são um casal de classe média que descobriu compartilhar do desejo de forçar os limites do sexo para atingir sensações intensas. "É como atingir outro nível, como se deixar levar e tudo parece muito real."

Buscar essa loucura do mais selvagem sexo é, para muitos, experimentar a mais profunda realidade.

Amélia, uma jovem mulher de vinte e oito anos, contou que gosta de fingir ser forçada por seu namorado. "A gente finge que não quero fazer sexo e aí ele me força a fazer. É uma fantasia e é bem 'no limite'. Mas não somos pessoas pervertidas, apenas ficamos excitados com a brincadeira."

Algumas mulheres disseram na pesquisa, não gostar dessa ideia do sexo convencional ou tradicional. Amélia disse que "a ideia de que as mulheres estão lá para servir ao homem morreu. Isso já era. Mulheres são pessoas fortes, com poder sexual e não têm medo de expressar sua sexualidade."

Realmente é inegável que elas tenham adquirido muita confiança e que muitas querem esticar os limites e, cada vez mais, experimentar coisas diferentes e viver uma vida de aventuras sexuais.

Capítulo 14

Uma fantasia proibida

No capítulo anterior falamos do lado físico do sexo ao extremo, mas há ainda outro lado disso. As fantasias relacionadas a sexo selvagem não estão necessariamente ligadas ao físico, mas também ao pensamento e às emoções. Como qualquer fantasia, o fato de pensarmos em algo não significa que vamos agir e realizar aquilo. Na verdade, as fantasias nos permitem levar as coisas ao extremo, da forma como quisermos e sem jamais contar a alguém. Por exemplo, podemos sonhar em fazer o melhor sexo de todos com uma pessoa com quem jamais poderemos fazer. Ou seja, sexo proibido. E você concorda que o que é proibido, é muito gostoso? Ainda que só no pensamento!

Carol gemia enquanto enfiava o vibrador cada vez mais fundo na vagina já bem molhada. Sua mão direita beliscava o mamilo esquerdo e brincava com ele entre os dedos. Ela gozou no brinquedo que estava entre as pernas.

Tremeu e aproveitou até a última sensação daquele orgasmo. Não pela primeira vez, Carol se perguntou o que acontecia com ela. Nunca foi assim tão sexual, mas nas últimas semanas tem se descoberto uma pessoa cheia de tesão. Chegou ao ponto de comprar aquele brinquedo que ainda vibrava dentro dela.

No entanto, não era essa a pior das mudanças. A pior parte disso, a que ela não conseguiria admitir para ninguém e que permaneceria seu mais profundo e secreto desejo era que, quando se masturbava, tinha fantasias com o cunhado, André. No começo tentou evitar esses pensamentos, mas sempre se excitava quando ele estava por perto. À noite, quando finalmente se entregava aos desejos, pensar nele era o que a fazia gozar. Às vezes precisava se segurar para não gritar o nome dele. Era difícil entender o que estava acontecendo, mas uma coisa conseguiu perceber; esses sentimentos, que ela mesma chamou libertinos, ocorriam mais nos fins de semana, o que ela atribuiu ao fato de que como mora sozinha e aos sábados gosta de curtir a piscina, a irmã, que também curte o sol, a água gelada e um belo churrasco, sempre vai lá fazer uma visita, com o marido.

Sabia que era errado, afinal o sujeito é casado com a própria irmã, mas não dava para evitar, principalmente quando ele se metia a ser o churrasqueiro e tirava a camisa. Pensava que ele fazia de propósito para provocá-la. Um dia teve a impressão de tê-lo visto dar uma piscadinha *sexy*, mas tentou se convencer de que foi impressão; ela não tinha intenção alguma de agir em qualquer parte dessa fantasia. Eram coisas que deveria pensar somente sozinha. Jamais trataria o cunhado de outra forma que não fosse como cunhado. Ela respeitava muito a irmã e o casamento daquele casal — e era melhor que continuassem casados, afinal, a fantasia dava tanto tesão justamente por ser ele um homem proibido para ela.

Numa das noites de prazer que ela teve com o brinquedo que apelidou de Dedé, Carol chegava em casa de uma festa. Estava de vestido e salto alto e já tinha tudo planejado. Entrou no quarto e lá estava ele, largado na cama a sua espera.

Tirou os sapatos, jogou a bolsa de lado e começou a imaginar:

"Rápido, tire a roupa, vamos aproveitar que sua irmã foi fazer compras. Temos tempo suficiente para uma rapidinha." E assim estava sendo a relação deles nos últimos meses. Nos fins de semanas, eles tiravam uma, sempre que tinham oportunidade. Era a vida com que ambos sempre sonharam: sexo, aventura e muito tesão.

"Você vai ficar aí sentado sem fazer nada, tenho que ir aí te forçar a me comer?"

André sorriu. Ela era bem menor que ele e ambos sabiam que ela jamais conseguiria forçá-lo a nada que ele não quisesse fazer. Mas, fazer amor com a cunhada, sem dúvida, era algo que queria. Logo estava pelado com Carol, na cama. Começou a subir nela beijando-a desde os pés, até que ela reclamou "não temos tempo para preliminares. Não desta vez. Já estou molhada o bastante. Mete logo esse pau gigante e me faz gozar."

André adorava a forma como a cunhada falava. Seus lábios então encontraram a vagina de Carol. Sentiu ela o segurar, pegar em sua cabeça e começar a esfregar seu rosto na boceta que já estava realmente bem molhados. Ela espalhou um pouco de seu caldo no rosto dele. Sem conseguir se segurar mais, ele levantou os quadris e enfiou metade nela. Depois de alguns meses de foda, ela começou a finalmente se acostumar com o calibre dele, mas ainda se sentia apertada para aquele tamanho.

"Nossa! Adoro sentir seu pau dentro de mim. Está ficando cada vez melhor!" André começou a beijar o pescoço dela, e a respirar o aroma de Carol, enquanto pegava um ritmo. "Ah! Finalmente agora tenho você todinho dentro de mim. Agora vamos lá, me faz gozar gostoso! Me faz gritar e derreter toda pra você."

André começou a meter mais forte dentro dela, as pélvis batiam com um som escandaloso e as palavras de Carol começaram a não fazer sentido até que se tornaram um longo gemido.

Carol gozou mais uma vez no imaginário pau de André e não pretendia que ele soubesse.

À irmã, ela jamais contaria.

Sentia tesão por ser o relacionamento com Dedé, seu maior segredo.

E isso Freud também não explicou.